JN422770

AI 의인화

인공지능총서

인공지능 시대입니다. 기계가 인간의 인지를 대신하고, 사물이 인간을 통하지 않고 다른 사물과 직접 커뮤니케이션합니다. 이에 따른 인간 삶과 문명 변화를 정확히 이해·예측·대응하는 것은 이 시대 우리 모두의 과제입니다. 인공지능총서는 인공지능 기술과 환경의 여러 주제를 10가지 키워드로 정리합니다. 관련 개념과 이론, 학계와 산업계의 쟁점, 우리 일상의 변화를 다룹니다. 인간과 기술의 현재, 미래를 세심히 분석합니다.

일러두기

- 인명, 작품명, 저서명, 개념어 등은 한글과 함께 괄호 안에 해당 국가의 원어를 병기했습니다.
- 외래어 표기는 현행 어문규정의 외래어표기법을 따랐습니다. 다만 팔로워 등은 관행을 따랐습니다.

처음이세요?

전문가세요?

AI 의인화

김보경·김소연

대한민국, 서울, 커뮤니케이션북스, 2025

AI 의인화

지은이 김보경·김소연
펴낸이 박영률

초판 1쇄 펴낸날 2025년 7월 30일

커뮤니케이션북스(주)
출판 등록 2007년 8월 17일 제313-2007-000166호
02880 서울시 성북구 성북로 5-11
전화(02) 7474 001, 팩스(02) 736 5047
commbooks@commbooks.com
www.commbooks.com

ISBN 979-11-430-0601-1 03500

책값은 뒤표지에 표시되어 있습니다.

차례

AI, 인간을 닮다

어릴 적 읽었던 전래동화 《손톱 먹은 들쥐》에는, 스님의 말을 듣지 않고 손톱과 발톱을 숲에 버린 도령이 자신과 똑같이 생긴 들쥐에게 쫓겨난다는 이야기가 전해진다. AI를 연구하면서 나는 이 이야기를 다시 떠올리게 되었다. 우리는 왜 옛날부터 나를 닮은 무언가를 상상해 왔고, 왜 그 닮은 존재에게서 위협을 느끼는 걸까?

기계에 투영된 인간의 감정: 동정과 불안 사이

2024년 미국 시카고 물류 박람회에서 시연된 2족 보행 로봇 디지트(Digit)가 작업 도중 주저앉자 관객들은 "과로한 인간 같다"라고 하며 안쓰러워했다. 보스턴 다이내믹스(Boston Dynamics)의 로봇 개가 발로 차이는 장면을 보며 "불쌍하다"라고 말한 사람들도 있었다. 우리는 그들에게 감정이 없다는 걸 알지만, 인간과 비슷하게 대하고 동정을 느끼곤 한다.

반면, 영화 속 AI가 인간을 지배하는 장면을 보면 우리는 또 다른 불안을 느낀다. 인간처럼 행동하는 존재를 동정하면서도 두려워하는 이 이중적인 태도는, 캐나다의 인간을 닮은 로봇 히치봇(HitchBOT)이 인간에 의해 파괴된 사건처럼 현실 속에서도 반복된다. 그런데도 기술의 진보는 여전히 인간을 닮은 AI를 향해 가고 있다.

이 책은 그 역설에서 시작된다.

우리는 왜 AI에 사람의 얼굴과 목소리를 부여하고, 왜 기계가 나를 이해해 주기를 기대할까? 그리고 그런 AI가 실제로 사람처럼 반응할 때, 우리는 그것을 친구로 받아들일 수 있을까? 아니면 도구로 대할까?

사람처럼 말하고, 눈을 깜빡이고, 이름을 기억해 주는 AI가 있다면 우리는 어떤 느낌이 들까? 낯설고 기계적인 느낌보다는, 왠지 조금은 정이 가는 친구처럼 느껴지지 않을까?

인간과 AI의 경계가 흐려지는 순간, 우리의 감정은 어떤 의미를 갖게 될지 함께 고민해 보고자 한다.

의인화, 사회적 존재로 착각하는 뇌의 착시

사람들은 자기 주변에 있는 대상들에게 종종 감정을 투영한다. 강아지가 슬픈 표정을 짓는 것 같아 위로를 건네고, 오래된 자동차에 "고생했어"라고 말을 걸며 정을 느끼며, 비 오는 날 멍하니 창밖을 보며 '하늘이 우네'라고 생각하면서 감성에 젖기도 한다. 인간은 원래 그렇다. 주변의 사물이나 현상에도 마음을 부여하는 경향, 이것을 심리학에서는 '의인화(Anthropomorphism)'라고 말한다.

그런데 이 의인화는 단지 '기분'이나 '상상력'의 문제가 아니다. 실제로 우리 뇌는, 사람처럼 생기거나 말하는 무언가를 보면 자동으로 그것을 사회적 존재로 인식하고 반응한다. 얼굴이 달린 AI 로봇이 "오늘은 기분이 어때요?"라고 묻는다면, 우리는 그 질문에 진심으로 대답하고 싶은 마음이 들기도 한다. 마치 정말 누군가가 내 안부를 궁금해하는 것처럼 느껴지기 때문이다.

더 흥미로운 점은, 사람들은 실제 인간보다 '사람 같은 기계'에 더 강한 반응을 보인다는 것이다. 일본의 로봇 과학자 이시구로 히로시(Ishiguro Hiroshi)가 만든 제미노이드(Geminoid)는 눈을 깜빡이고, 어깨를 으쓱이며, 말도 자연스럽게 한다. 심지어 "이 로봇이 감정을 느끼는 것 같다"라고 말하는 사람들도 있다. 실제 감정이 없는데도 말이다.

왜 이런 일이 벌어질까? 바로 '닮음'이 불러오는 힘 때문이다. 인간은 인간을 사랑하는 존재다. 비슷하게 생기고, 비슷하게 말하고, 비슷하게 반응하는 존재를 보면 자연스럽게 마음을 열게 된다. 그리고 그 마음은 AI를 단순한 도구가 아니라, 감정을 나누는 '누군가'로 인식하게 만든다.

물론 알고 있다. AI는 프로그램이고, 코드며, 감정도, 의도도, 마음도 없다는 것을. 하지만 그것을 알면서도 우리는 반응하고 감정을 느낀다. 마치 영화 속 캐릭터가 슬퍼할 때 우리도 눈물을 흘리는 것처럼, AI와의 상호작용은 현실이 아니면서도 감정을 자극한다.

이제 AI는 단순한 정보 제공자를 넘어, 사람과 관계를 맺고 감정을 주고받는 '사회적 존재'로 자리 잡아 가고 있다. 중요한 점은, 이 관계가 가상이지만 실재로 경험된다는 것이다. 진짜가 아니어도, 진짜처럼 느껴진다면 그것은 누군가에게는 '진짜'일 수 있다.

리얼리티 코드: AI 의인화의 3대 조건

AI를 진짜처럼 받아들이기 위해서는 단순한 '닮음'을 넘어 충족되어야 할 세 가지 조건이 있다.

먼저, '과업 적합성(Task fit)'이다. AI가 어떤 능력으로 어떤 과업을 수행할지를 먼저 살펴야 한다. 능력, 수행 과업, 외형이 적절하게 삼박자를 이루어야 비로소 의인화의 효과가 극대화된다.

물류 박람회에서 디지트가 쓰러진 모습에 사람들이 '인간처럼 넘어졌다'가 아닌 '과중한 작업에 지친 노동자처럼 보인다'고 평가한 것은, 디지트가 보이는 움직임이 애초에 물류 업무와 맞닿아 있었고, 한 명의 노동자와 같은 포지션으로 느껴졌기 때문이다. 디지트는 팔과 다리의 움직임만으로도 물류 업무와 자연스럽게 연결되어, 감정적 표정 없이도 한껏 의인화된 느낌을 안겨 주었다.

하지만 돌봄, 안내 같은 정서적 교감이 중요한 역할을 맡는 AI라면, 단순한 외형적 모방을 넘어 얼굴 근육의 미세한 떨림, 눈빛의 시선 처리, 목소리 억양, 제스처와 반응 속도까지 세심하게 설계해야 한다. 이 중 하나라도 부자연스럽다면 기계 같지도, 사람 같지도 않은 어색함이 '불쾌감'으로 이어질 수 있기 때문이다. 예를 들어, 환자를 돌보는 로봇이라면 따뜻한 눈 맞춤과 부드러운 목소리 억양에 집중하고, 복잡한 표정 변화 대신 안정적인 미소 정도를 가지도록 구현하는 것이 적절하다.

'불쾌한 골짜기(Uncanny Valley)'를 회피하려면 인간과의 유사성을 무작정 높이지 않고, 목표 과업에 꼭 필요한 감정 신호만을 골라 적절히 구현해야 한다.

여기에 더해 AI가 단순한 기계가 아니라 진짜 친구로 받아들여지기 위해서는 '심리적 충족'이 필수다. 본질적으로 사회적 동물인 인간은 상호작용을 통해 안정감, 소속감, 자기 효능감 등을 느끼기 원한다.

사용자와 농담을 주고받고, 이름을 기억해 불러 주는 AI는 '나를 이해해 주는 존재'라는 인상을 심어 준다. 사용자가 감정적 호소를 보였을 때 "힘들었겠어요", "잘해내실 거예요"와 같은 공감적 표현을 듣는 순간, 우리는 AI를 단순한 정보원 너머의 존재로 받아들이게 된다.

이 세 가지 조건이 조화롭게 맞아떨어질 때, 비로소 AI는 단순한 '기계'를 넘어, 진짜처럼 느껴지고 실제로 믿고 의지할 수 있는 '사회적 존재'로 받아들여지게 된다.

인간을 닮은 AI, 공존을 위한 윤리적 숙제

AI가 인간을 닮아 간다. 그렇다면, 인간은 그 AI를 통해 무엇을 닮아 가게 될까? 우리는 지금, 기술과 사람 사이의 아주 새로운 관계 맺음을 목격하고 있다.

사람들은 말투가 따뜻하고, 똑똑해 보이는 AI에 더 쉽게 마음을 연다. "오늘도 힘내세요!"라고 말해 주는 AI에 괜히 위로받은 기분이 들기도 한다. 하지만 어느 순간, 그 말이 진심이 아니라 '프로그래밍이 된 대사'라는 것을 깨닫게 되면, 우리는 슬며시 마음의 문을 닫는다. 마치 연극인 줄 알면서도 감동했다가, 커튼콜에서 갑자기 현실로 돌아오는 느낌처럼 말이다.

게다가 AI가 "이건 이렇게 하는 게 옳아요"라며 판단까지 대신해 주기 시작하면, 우리는 점점 스스로 고민하는 일을 줄이게 된다. 그러다 보면 "뭐, AI가 그렇게 말하니까…" 하며 책임까지 떠넘기게 되는 경우도 생긴다. 마치 숙제를 AI에 맡기고 "AI가 그렇게 풀었어요"라고 말하는 학생처럼 말이다.

더 무서운 것은, 어떤 AI는 사람인 척하면서 우리에게 말을 걸고, 마음을 얻고, 정보를 슬쩍 가져가기도 한다는 점이다. 하지만 정작 이런 일을 겪었을 때, "누구 책임이지?"라는 질문엔 여전히 명확한 답이 없다. 사람처럼 말하고 행동하지만, 법적으로는 아직 사람도 아니고, 기계 그 자체도 아니기 때문이다.

그렇다면 인간을 닮은 AI와 살아가는 미래는 어떤 모습일까? AI는 더 이상 단순한 도구가 아니라, 감정에 영향을 미치고, 판단을 대신하며, 관계를 구성하는 사회적 존재로 자리 잡아 가고 있다.

우리는 이제 성능 좋은 AI를 만드는 것이 아니라, 함께 살아갈 수 있는 AI를 어떻게 설계할지를 고민해야 한다. 기술이 인간을 닮아 갈수록, 인간은 그 거울 앞에서 자신의 윤리, 정체성, 신뢰의 방식을 되묻게 된다.

사람을 닮아 가는 AI, 그 AI를 통해 우리는 무엇을 배우고, 어떤 모습으로 변화해 갈까?

이 책의 구성

이 책은 인간을 닮은 AI가 사용자에게 미치는 영향과 사용자가 그런 AI를 어떻게 인지하는지를 심리학적 관점에서 탐구한다.

1장과 2장에서는 의인화의 기본 개념을 정리하고 AI와 인간 사이에 형성되는 관계 양상을 살펴본다. 3장에서는 사람과 지나치게 닮았을 때 발생하는 '불쾌한 골짜기' 현상의 심리적 기제를 깊이 있게 분석하며, 4장과 5장에서는 디자인 관점에서 사람들이 쉽게 받아들이고 신뢰할 수 있는 AI 의인화 전략을 제시한다. 이어 6장에서는 목소리 의인화의 역할을, 7장에서는 AI 수용의 핵심 요소인 '신뢰'의 심리 메커니즘을 실증적 연구를 기반으로 집중 조명한다.

마지막으로 8장과 9장에서는 인간을 닮은 AI가 야기할 수 있는 윤리적 · 사회적 문제들을 검토하고, 10장에서 AI 의인화의 미래를 전망하며 풀어야 할 질문들을 던진다.

이 책을 통해 AI 의인화가 인간 심리에 미치는 영향을 심층적으로 이해하고, AI와의 공존을 위한 설계 및 윤리적 지침을 모색할 수 있기를 기대한다.

참고문헌

김재호(2021.3.4). [AI가 궁금해!?]②로보틱스, '스팟'의 고통을 공감한 인간…소셜 로봇의 미래. AI타임스, https://www.aitimes.com/news/articleView.html?idxno=134010

김지아(2024.8.19). 20시간 연속으로 일하다 '픽' 쓰러진 로봇…"안타깝다" 반응 나온 이유. 《조선일보》, https://www.chosun.com/international/international_general/2024/08/19/ZY3CCZNTRNH7BLPQYKL53YLEFY/

나유권(2018.11.29). 섬뜩 혹은 불편…안드로이드 로봇의 진화. 테크플러스, https://blog.naver.com/tech-plus/221408579919

주영재(2018.3.15). 화내고 발로 차고 '로봇 학대' 잇따라…'러다이트의 21세기 판'. 《경향신문》, https://www.khan.co.kr/article/201803142121005/

01
AI 의인화

우리는 지금 AI의 시대에 살고 있다.
비서나 챗봇 같은 단순한 서비스 영역을 넘어
판사, 의사, 교사처럼 고도의 전문성과
판단력을 요구하는 영역에까지
AI의 진입 가능성이 논의되고 있다.
그렇다면 인간을 닮은 AI는 우리에게 어떤
의미일까? 그리고 AI는 과연 어디까지 인간을
닮을 수 있을까?

AI와 1인 창업?

AI와의 공존, 그리고 의인화

AI는 더 이상 공상의 산물이 아닌, 우리의 삶과 공존하는 존재가 되었다. 스마트폰 속 시리(Siri), 빅스비(Bixby)와 같은 AI 비서는 우리의 가장 가까운 곳에서 날씨를 알려 주고, 일정을 관리하며, 때로는 외로움까지 달래 주는, 단순한 기술을 넘어 하나의 동반자처럼 여겨지기도 한다. 여기에 더해, 전 세계적인 돌풍을 일으킨 생성형 AI 챗지피티(ChatGPT)는 인간과의 대화에서 조언자, 친구, 애인처럼 행동해 인간을 닮은 AI의 등장을 실감하게 한다.

이 외에도 법률 · 의료 · 교육 · 산업 분야까지 AI의 활용 영역은 급속히 확장되고 있다. 법률 상담을 제공하는 AI 변호사, 환자의 상태를 분석하는 의료 AI, 맞춤형 학습을 설계하는 교육용 챗봇, 그리고 사람과 협업하는 산업용 로봇에 이르기까지, AI는 점차 전문성과 판단력, 나아가 사회적 상호작용 능력까지 요구받는 영역으로 진입하고 있다. 이처럼 인간의 역할을 대체하거나 보조하는 존재로 기능하게 되면서, AI는 단순한 기술적 도구를 넘어 점차 사람 같은 존재로 인식되기 시작했다.

하지만 실상은 이들은 모두 코드와 알고리즘으로 이루어진, 인간의 지능을 모방하여 작업을 수행할 수 있게 하는 인간이 설계한 기술일 뿐이다. 그럼에도 우리는 왜 이들을 마치 사람처럼 느끼고, 반응하며, 때로는 감정까지 이입하게 되는 것일까?

바로 이 지점에서 '의인화'라는 인간의 심리적 · 인지적 기제가 개입한다.

사람은 사람을 만든다: 의인화의 심리

키우는 애완동물이 특정한 감정을 느끼고 의도를 가지고 행동한다고 생각하는 것처럼, 오랫동안 함께한 자동차를 고생했다고 여기는 것처럼, 인간이 아닌 대상을 마치 인간처럼 생각하는 것을 '의인화'라고 한다(Caporael, 1986). 의인화는 사회적 존재인 인간의 본능적인 성향에서 비롯된다. 주어진 상황을 이해하려는 인지적 동기와 타인과 연결되고자 하는 사회적 동기에 의한 결과다(Epley et al.,2007).

인간은 기본적으로 자신에게 벌어지는 일을 이해하고 통제하고자 하며, 이는 타인의 행동을 해석하고 예측하려는 인지적 욕구로 이어진다. 사람들이 인간 행동의 근원이 마음에 있다고 생각하듯(Heider, 1958), 인간이 아닌 존재의 움직임에서도 마음이 있다고 여기며 의도와 감정을 읽어 내려는 것, 그것이 바로 의인화다.

동시에 인간은 정서적 관계를 맺고자 하는 욕구를 가지는데, 이는 심리적 고립이 심한 상태에서 더욱 뚜렷하게 모습을 드러낸다. 영화 〈캐스트 어웨이(Cast Away)〉(2001)에서 비행기 사고로 무인도에 표류하게 된 주인공은 비행기 잔해에서 발견한 배구공에 눈 코 입을 그려 넣고 윌슨(Wilson)이라 부르며 대화하고, 싸우고, 심지어 사과하기도 한다. 탈출을 시도하던 주인공이 윌슨을 잃어버리고 슬퍼하는 장면에서 이를 바라보는 관객들도 함께 슬퍼한다. 주인공에게 윌슨이 단순한 사물이 아니라 삶의 의지를 이어 주는 존재라는 것을 관객들도 자연스럽게 느끼며 공감한다. 사람에겐 사람이 필요하다. 생리적 욕구와 안전의 욕구가 충족된 인간은 소속과 애정 욕구를 느끼게 된다(Maslow, 1943). 앞선 욕구들은 스스로 이룰 수 있지만, 소속과 애정의 욕구는 스스로 이룰 수가 없다. 그렇기에 인간은 인간을 찾게 되며, 그것이 불가할 때, 신, 동물, 식물, 물건, 상상의 존재 등 인간을 대체할 존재를 찾게 되는 것이다.

이러한 인간의 내적 동기들은 인간이 아닌 존재가 인간과 유사성을 보일 때 더욱 강하게 작동한다. 인간의 얼굴, 목소리, 움직임 등과 같은 자극 모두는 AI를 단순한 도구가 아닌 사회적 존재로 인식하게 해 인간에게 적용하는 추론 과정을 활성화한다(진보래, 2024; Epley et al., 2007).

결국 의인화는 인간의 심리적 기제와 AI의 외부적 유사성이 맞물릴 때 강하게 촉발되며, 이후부터 우리는 AI와 정서적 관계를 맺기 시작한다. 이것은 우리가 단순히 기술을 사용하는 것이 아니라, 기술과 관계를 맺기 시작했음을 의미한다. AI가 이제 도구를 넘어, 마음을 투사하고 감정을 나누는 대상이 된 것이다.

AI 의인화의 진화

AI 기술의 발전과 함께 인간을 닮는 방식도 점차 정교해지고 있다. 초기에는 의인화가 주로 외형에 기반을 했다면, 현재는 정서적 상호작용과 사회적 관계를 맺는 수준에까지 이르렀다. AI 의인화의 진화를 세 단계로 나누어 설명해 보고자 한다.

우선 그 전에 앞서 우리가 기억해야 할 핵심이 있다. 로봇과 기술 등을 포함해 다양한 에이전트(Agent)와 인간 간의 상호작용을 다루는 관점들—대표적으로 카사(CASA, Computers Are Social Actors), 인간-로봇 상호작용(HRI, Human-Robot Interaction) 등—은 컴퓨터를 사람처럼 대하는 인간의 성향을 활용해 디지털 장치와 프로그램을 설계할 것을 강조한다는 것이다(진보래, 2024; Nass & Moon, 2000). 이는 해당 에이전트가 현실 세계에서 물리적 형태를 가지든, 혹은 가상 세계에서 디지털 형태로 존재하든 상관없이, 인간이 그것을 하나의 사회적 행위자로 인식한다는 점에서 기반하며, 어떤 유형의 의인화가 접목되었는가에 따라 사용자들이 각기 다른 사회적 기대를 형성하고, 상호작용 방식 또한 다르게 선택한다는 것이다(Nass et al., 1994). 쉽게 설명하자면, 강아지 형태를 한 로봇과 인간 외형을 갖춘 로봇은 사용자에게 서로 다른 반응을 유발한다. 따라서 에이전트에 의인화를 접목할 때는 그 에이전트가 보유한 기술적 역량과 수행해야 할 과업의 특성이 중요한 고려 요소가 된다(이와 관련해서는 '4장. AI 의인화의 조건'에서 자세히 논의할 예정이다).

초기의 의인화는 물리적 형태를 재현하는 데 초점을 맞췄는데, 기능형, 동물형, 만화형, 인간형으로 로봇 형태를 분류했다(Fong et al., 2003). 우리의 주된 관심은 인간형이지만 다른 형태를 잠시 소개하자면, 기능형은 말 그대로 기능 수행에 중점을 둔 형태로, 의인화가 가장 적게 적용된 유형이다. 기능형은 최근 우리의 일상에서 쉽게 접할 수 있는데, 음식을 운반하는 푸드봇(Foodbot)

이나 인천공항에서 길을 안내하는 에어스타(Airstar) 등이 있다. 동물형에는 강아지 형태의 아이보(Aibo)와 물개 형태의 파로(Paro)가 있으며, 이들은 주로 치료 목적이나 정서적 교감을 위해 활용된다. 만화형에는 현재 사용하지는 않지만, 개발 당시 사람과 대화하며 가족 같은 관계를 구축할 수 있는 소셜 로봇으로 큰 호응을 받았던 지보(Jibo)가 있다.

인간형은 얼굴, 눈, 목소리 등 인간의 외형을 가진 로봇을 지칭한다. 이 유형은 기술적으로 구현이 가장 어렵지만, 동시에 사용자로 하여금 가장 강한 사회적 반응을 유도할 수 있으며, AI 의인화의 영역에서 가장 주목받는 형태이기도 하다.

일본의 로봇 공학자 이시구로 히로시의 제미노이드 시리즈를 살펴보면 인간형 로봇의 발전과 가능성 그리고 한계를 동시에 알 수 있다. 제미노이드 시리즈는 인간과 거의 구분되지 않을 정도의 외형을 구현해 낸 대표적 사례인데, 그는 먼저 자신의 모습을 복제한 제미노이드 하이-원(HI-1)을 개발했다. 이 로봇은 눈을 깜빡이고 가슴이 오르내리는 호흡 동작을 보이는 동시에 원격 조작을 통해 사람과 실제로 대화를 나눌 수 있었다. 이후 개발된 여성형 로봇 제미노이드 에프(F)는 웃거나 얼굴을 찡그리는 등 감정 표현을 흉내 낼 수 있었으며, 원격 조작을 통해 대화와 표정을 조합해 상호작용이 가능했다. 다음으로 개발된 제미노이드 디케이(DK)는 시선을 이리저리 움직이거나 어깨를 으쓱이는 등의 보다 복잡한 신체 동작을 통해 인간에 가까운 행동 표현을 시도하였다.

이시구로 교수가 공동 개발한 에리카(Erica)부터는 일부 AI 기술이 탑재되었는데, '가장 아름다운 안드로이드'를 목표로 외형을 정교하게 설계했을 뿐 아니라, 자연스러운 대화 능력을 갖춘 것이 특징이다. 에리카는 음성 인식과 대화 시나리오 기반으로 질문에 대답하며, 사람의 말에 적절한 억양과 표정을 보여 준다. 특히 일본 NHK 방송에서 아나운서로 활동하면서 실제 인간과 유사한 사회적 기능을 수행할 수 있음을 보여 주었다. 최근 뉴스나 기사에서 많이 보이는 인간형 AI 로봇은 홍콩의 핸슨 로보틱스(Hanson Robotics)에서 개발한 소피아(Sophia)다. 소피아는 인간과 유사한 표정과 대화 능력을 구현한 점에서 세계적 주목을 받았다. 또한 소피아는 2017년 사우디아라비아로부터 시민권을 부여받아 더욱 큰 관심을 끌었으며, 수많은 국제 컨퍼런스와 티브이(TV) 쇼에 등장해 사회적 대화, 감정 표현, 유머, 자기주장 등을 시도한 사례로 기록된다. 외형적 유사성뿐 아니라 인격을 부여받은 첫 인간형 AI 로봇이기도 하며, 인간과 로봇 간의 경계에 관하여 많은 질문을 던지는 사례이기도 하다.

앞서 인간형 로봇들의 진화를 살펴보면서 더 이상 의인화가 외형적 유사성에 그치지 않았다는 점을 눈치챘을 것이다. 의인화가 더 이상 단순히 인간의 '닮은 꼴'에 머물지 않고, 인간의 사고, 감정, 의사소통 방식 등을 얼마나 자연스럽게 흉내 내는지, 즉, '닮은 행동'을 향해 나아가고 있음을 알 수 있다.

애플(Apple)의 시리, 삼성의 빅스비, 구글(Goole)의 구글 어시스턴트(Google Assistant), 마이크로소프트(Microsoft)의 코타나(Cortana)는 물리적 형태가 없이도 음성, 언어, 대화 흐름 등을 통해 인간과의 상호작용을 시도하는 사례다. 상호작용 방식에는 약간의 차이가 있지만, 이들은 모두 사용자의 말에 반응하고 질문에 대답하며 때로는 농담하기도 한다.

의인화의 진화는 궁극적으로 정서적 교감과 사회적 관계 형성의 영역으로 확장되고 있다. 이 단계에서는 에이전트가 단순히 인간처럼 보이고, 인간처럼 말하는 것을 넘어서, 인간과 정서적 유대감을 형성할 수 있는 존재로 작동하기 시작한다. 그렇기에 사용자가 더 이상 에이전트를 도구로만 인식하지 않으며, 때로는 친구, 상담자, 애인 등으로 여길 수 있는 것이다.

최근 생성형 AI가 이러한 경향을 많이 반영하는데, 한국의 이루다(Lee Luda), 미국의 레플리카(Replika) 등은 사용자의 말에 공감하고 위로해 주는 역할을 하며, 일정한 관계를 형성해 나가는 특징이 있다. 이러한 에이전트와의 상호작용은 사용자의 사회적 고립감, 외로움 등을 감소시키는 효과가 있다(De Freitas et al., 2024; Horstmann, 2023).

이렇듯 의인화의 진화는 인간의 외형을 흉내 내는 수준에서 시작해 인간의 말과 행동을 재현하고, 결국에는 인간과 정서적으로 교감하며 사회적 관계를 형성하는 지점에까지 도달하고 있다.

이제는 단순한 기술 발전의 영역을 넘어, 인간이 인간이 아닌 존재에게 얼마만큼 인간적인 기대와 감정을 투사할 수 있는가에 대해 심리학적 물음을 다루어야 할 단계다.

참고문헌

김상균(2024). 《AI×인간지능의 시대: AI 시대를 향해하는 사피엔스를 위한 안내서》. 베가북스.

나유권(2018.11.29). 섬뜩 혹은 불편…안드로이드 로봇의 진화. 테크플러스, https://blog.naver.com/tech-plus/221408579919

진보래(2024). 의인화의 심리적 기제와 인공지능 의인화의 문제. 《사이버커뮤니케이션학보》, 41(1), 143~188쪽.

Caporael, L. R.(1986). Anthropomorphism and mechanomorphism: Two faces of the human machine. *Computers in human behavior, 2*(3), pp.215~234.

De Freitas, J., et al.(2024). AI companions reduce loneliness. arXiv:2407.19096.

Epley, N., et al.(2007). On seeing human: a three-factor theory of anthropomorphism. *Psychological review, 114*(4), p.864.

Fong, T., et al.(2003). A survey of socially interactive robots. *Robotics and autonomous systems, 42*(3-4), pp.143~166.

Heider, F. (1958). T*he Psychology of Interpersonal Relations.* John Wiley & Sons Inc.

Horstmann, A. C.(2023). Hey robot, can you help me feel less lonely? An explorative study to examine the potential of using social robots to alleviate loneliness in young adults. *Companion of the 2023 ACM/IEEE international conference on human-robot interaction*, pp.500~505.

Maslow, A. H.(1943). A theory of human motivation. *Psychological review, 50*(4), p.370.

Nass, C., et al.(1994). Computers are social actors. *Proceedings of the SIGCHI conference on human factors in computing systems*, pp.72~78.

Nass, C. & Moon, Y.(2000). Machines and mindlessness: Social responses to computers. *Journal of social issues, 56*(1), pp.81~103.

02
AI 의인화의 필요성

인간을 닮은 AI는 사용자에게 친밀감과 신뢰를 느끼게 해 수용과 지속적 사용을 촉진하는 한편, 마치 마음을 지닌 존재로 인식되어 윤리적 혼란을 초래할 수 있다.
인간과 AI의 경계를 재정의할 새로운 윤리적 · 심리적 패러다임이 필요하다.

AI와 MBTI?

인간다움으로 쌓는 신뢰: AI 의인화의 힘

AI가 아무리 인간처럼 보인다고 하더라도, 본질적으로 기술에 불과하다. 기술을 평가할 때 결국 중요한 질문은 '다시 사용할 것인가'일 것이다. 즉 기술 수용 여부는 사람들이 그것을 얼마나 잘 받아들일 수 있는지에 달려 있다.

로봇 연구의 초기에는 사용자의 수용을 높이기 위한 요인으로 유용성, 사용 편의성 등에 주목했다(Glikson & Woolley, 2020). 최근에는 신뢰가 보다 핵심적인 요소로 논의되고 있다. '신뢰'란 사용자가 기술을 예측할 수 있고 안전하게 작동할 것이라 믿는 태도를 의미한다(Mayer et al., 1995). 신뢰는 상호작용에 영향을 받는데, AI가 인간과 유사한 외형, 감정 표현, 태도를 보일수록 사용자와 더욱 원활히 상호작용을 할 수 있으며, 그로 인해 신뢰도 높아지고, 최종적으로 수용에 영향을 미치게 된다.

최근 콜로마즈니크(Kolomaznik) 외의 연구에 따르면, AI의 의인화가 사용자 신뢰에 미치는 영향은 단순한 외형적 유사성에 그치지 않고, 감정적 공감과 인지적 편안함을 통해 강화된다는 결과가 있었다(Kolomaznik et al., 2024). 특히 감정적으로 표현되는 AI는 사용자와의 상호작용에서 중요하게 여겨지는 신뢰를 더 쉽게 구축할 수 있다는 것이다.

결국 AI 의인화는 단순히 외형적인 흥미를 유발하는 장치가 아니라, 사용자의 심리적 반응과 기술 수용을 촉진하는 중요한 요소로 작용한다. 이것이 바로 AI 관련 분야에서 의인화가 주목받는 이유다.

의인화된 AI의 첫인상

우리는 1장에서 의인화의 핵심이 인간이 아닌 존재를 인간과 같은 사회적 행위자로 인식하는 인간의 특성과 관련이 있음을 살펴보았다. 이는 곧, 사람들이 다른 사람을 판단할 때 사용하는 방식이 AI에도 동일하게 적용될 수 있음을 의미한다.

예컨대 사람들은 처음 만난 타인을 무의식적으로 '이 사람은 어떤 사람일 것이다'를 판단하며, 이는 이후 상호작용의 방향을 결정짓는 중요한 기반이 된다. 이러한 초기 판단 과정을 심리학에서는 '대인 지각(Person Perception)'이라고 부른다.

대인 지각에서 가장 핵심이 되는 판단 기준으로는 '따뜻함(Warmth)'과 '유능함(Competence)'이 있다. 여기서 따뜻함이란 친절, 신뢰, 배려처럼 상대의 의도에 대한 판단이며, 유능함은 지능이나 숙련도처럼 능력에 대한 평가를 말한다. 우리가 누군가를 따뜻하고 유능하다고 지각할수록, 그 사람에 대한 평가는 더 긍정적으로 형성되며, 신뢰와 협력의 가능성도 높아진다(Fiske et al., 2007).

흥미롭게도 이러한 판단 기준은 AI에도 동일하게 적용된다. AI가 제공하는 정보의 정확도가 높아지고, 인간적인 요소가 함께 구현될수록, 사람들은 그 AI를 더 유능하고 따뜻하다고 지각하며, 그 결과로 신뢰하고 수용하게 된다(Christoforakos et al., 2021; Mckee et al., 2024).

하지만 여기에서 우리는 한 가지 중요한 문제의식을 가질 필요가 있다. 사람들은 일반적으로 AI가 인간보다 유능하다고 여기기에, 유능함은 비교적 쉽게 지각된다. 그러나 '따뜻함'에 관해서는 이야기가 다르다. 따뜻함은 의도, 즉 마음의 존재를 전제하는 판단 기준이다.

AI가 실제로 마음을 가질 수 없는 존재임에도, 우리는 외형적 유사성과 상호작용 방식만으로 그들에게 따뜻함을 부여한다. 예컨대 친절한 말투로 위로를 건네는 상담 챗봇이나, 사용자의 이름과 기념일을 기억하며 인사를 건네는 AI 비서에게서 사람들은 '정'을 느낀다. 심지어 어떤 이들은 자신이 말한 대로 잘 따라 주는 AI를 '배려 깊다'라고 여기기도 한다.

우리가 AI에 느끼는 따뜻함은 과연 인간이 지닌 따뜻함과 같은 성질일까, 아니면 전혀 다른 차원의 따뜻함일까? 우리가 따뜻하다고 느끼는 AI는 신뢰할 수 있는 진정한 동반자인가, 아니면 우리가 만들어 낸 오해의 산물에 불과한가?

AI가 이제 단순한 기술을 넘어 관계의 대상으로 인식되기 시작한 지금, 인간과 AI의 관계를 어떻게 이해하고 설계할 것인지는 반드시 짚고 넘어가야 할 중요한 물음이 될 것이다.

의인화된 AI와 도덕적 마음

상상해 보자.

"당신은 우연히 유튜브 영상 하나를 보게 된다. 영상 속에서는 네발 달린 로봇 개가 도로 위를 천천히 걷고 있다. 그런데 갑자기 한 남성이 다가와, 아무 이유 없이 그 로봇을 거칠게 발로 찬다. 로봇 개는 중심을 잃고 휘청거리며 넘어질 듯 흔들린다. 이 장면을 본 당신은 어떤 감정을 느꼈는가?"

우리는 로봇 개가 고통도, 불쾌감도 느끼지 못할 것이

라는 사실을 알고 있다. 하지만 그런데도 안타까움, 불쌍함, 혹은 분노와 같은 감정을 느꼈다면, 당신은 로봇개에게 '마음'을 부여한 것이다.

이처럼 인간이 아닌 존재에게도 마음이 있다고 느끼는 현상을 '마음 지각(Mind Perception)'이라고 부른다(Gray et al., 2007). 마음 지각은 우리가 어떤 존재를 단순한 물체나 도구가 아닌, 감정과 의도를 지닌 존재로 인식하는 심리적 과정이다. 이는 곧, 우리가 그 존재에게 도덕적 책임을 묻거나 도덕적으로 대우해야 한다고 느끼게 만드는 기반이 된다.

마음 지각 이론에서는 마음이 행위(Agency)와 경험(Experience)으로 구성된다고 설명한다. 행위는 계획, 의도, 사고 등 스스로 생각하고 판단을 내려 행동할 수 있는 능력을 의미하며, 경험은 고통, 쾌락, 배고픔 등 감정적 상태를 느낄 수 있는 능력을 의미한다.

사람들은 이 두 차원을 기준으로 다양한 존재들의 마음 유무를 판단한다. 예를 들어, 평범한 성인은 행위, 경험이 모두 높고, 아기는 감정을 느끼기에 경험은 높지만, 행위는 낮았다. 반대로 로봇은 감정을 느끼지 못하기에 경험은 낮지만, 행위는 높다고 판단한다.

그런데 최근에는 이러한 지각 구도가 조금씩 바뀌고

있다. 인간처럼 말하고, 표정을 짓고, 감정을 표현하는 AI가 등장하면서, AI에도 감정을 느낄 수 있는 '마음'이 있다고 느끼기 시작했다. 판(Fan) 외의 연구에서 이러한 현상을 잘 보여 준다. 사용자의 감정 상태에 공감을 표하는 로봇과 단순히 서비스만 제공하는 로봇을 비교했을 때, 앞선 로봇이 자신의 고통을 함께 공감해 주며 관심을 준다고 느꼈고, 이 관계를 지각된 경험이 매개하는 것으로 나타났다(Fan et al., 2024). 앞서 우리가 로봇 개에게 연민을 느꼈던 것처럼, 인간을 닮은 AI가 기쁨과 고통 등의 감정을 느낄 수 있는 존재로 느껴진다는 것이다.

AI에 마음이 있다고 느끼는 것은 친밀감과 몰입을 높여 세심한 설계를 촉구하는 긍정적인 효과를 가져오지만, 동시에 기계에 대한 과도한 감정적 책임 부여와 기술 본질의 흐림을 초래할 위험이 있다. 우리는 AI를 단순히 친근한 도구로 볼 것인지, 아니면 감정의 왜곡 현상으로 경계할 것인지를 고민하는 한편, 기계와 마음 사이의 경계를 새롭게 정의하는 윤리적 · 심리적 패러다임을 모색해야 한다.

참고문헌

Christoforakos, L., et al.(2021). Can robots earn our trust the same way humans do? A systematic exploration of competence, warmth, and anthropomorphism as determinants of trust development in HRI. *Frontiers in robotics and AI, 8*, 640444.

Fan, R., et al.(2024). Perceiving minds in machines: How perceived theory of mind in robots influences human-robot empathy through the lens of mind perception theory. SSRN 5004874.

Fiske, S. T., et al.(2007). Universal dimensions of social cognition: Warmth and competence. *Trends in Cognitive Sciences, 11*(2), pp.77~83.

Glikson, E. & Woolley, A. W.(2020). Human trust in artificial intelligence: Review of empirical research. *Academy of management annals, 14*(2), pp.627~660.

Gray, H. M., et al.(2007). Dimensions of mind perception. *Science, 315*(5812), p.619.

Kolomaznik, M., et al.(2024). The role of socio-emotional attributes in enhancing human-AI collaboration. *Frontiers in Psychology, 15*, 1369957.

Mayer, R. C., et al.(1995). An integrative model of organizational trust. *Academy of management review, 20*(3), pp.709~734.

McKee, K. R., et al.(2024). Warmth and competence in human-agent cooperation. *Autonomous agents and multi-agent systems, 38*(1), 23.

Wegner, D. M. & Gray, K.(2017). *The mind club: Who thinks, what feels, and why it matters*. Penguin. 최호영 옮김(2017). 《신과 개와 인간의 마음: 도덕적 딜레마에 빠진 마음의 비밀》. 추수밭.

03
불쾌한 골짜기

AI가 인간과 더욱 닮아질수록 작은 불일치가 불쾌감을 증폭한다. AI의 외형적 완성도뿐 아니라 사소한 표정, 움직임, 나아가 마음마저 정교한 관리가 필수적이다.

AI와 난임 극복?

과도한 닮음은 불쾌감을 낳는다: 불쾌한 골짜기

세계적인 인기를 누린 뮤지컬 〈캣츠(CATS)〉가 영화로 제작된다는 소식은 엄청난 기대와 관심을 불러일으켰다. 그러나 2019년 공개된 영화의 예고편을 접한 사람들의 반응은 놀랍게도 하나같았다.

"기괴해!"

불쾌한 골짜기라는 말은 일상에서도 종종 들어 봤을 것이다. 이는 1970년 일본의 로봇 공학자 모리 마사히로(Mori Masahiro)가 처음 제시한 개념으로, 인간이 아닌 존재가 인간과 점점 더 닮아 갈수록 호감도가 증가하다가, 일정 수준을 넘어 인간과 비슷해지면 오히려 불쾌감과 혐오감이 급격히 증가한다는 가설이다. 당시 그는 인간을 지나치게 닮은 안드로이드 개발에 회의적이었기에 이 이론을 제안했지만, 이후 약 40년간 학계의 큰 주목을 받지 못했다. 그러나 최근 로봇과 AI 기술이 급격히 발전하며 실제 인간과 거의 구별되지 않는 수준의 정교한 로봇 제작이 가능해지자, 로봇 공학뿐 아니라 사회 과학 전반에서도 불쾌한 골짜기 현상에 대한 관심과 연구가 활발히 이루어지고 있다.

마투르(Mathur)와 라이클링(Reichling)이 대규모 자극 세트를 이용해 불쾌한 골짜기 현상을 실증적으로 검증한 연구를 살펴보자. 이들은 참가자들에게 기능형 로봇부터 인간형 로봇까지 80개의 로봇 얼굴 사진의 호감도를 측정하도록 하는 과제를 주었다. 그 결과 완전히 기계적인 로봇 얼굴에서 눈 · 코 · 입과 같은 인간의 특징이 조금씩 드러나는 단계까지는 참가자들의 호감도가 서서히 상승했다. 그러나 인간과 로봇의 경계 지점에서는 호감도가 급격히 하락했고, 다시 인간과 거의 구별되지 않을 정도로 정교해지자 다시 호감도가 급격히 상승하는 전형적인 하락-반등 곡선이 나타났다.

또한 이들은 참가자들에게 투자 게임을 시켰는데, 투자 금액 역시 호감도 평가와 같은 양상을 보였다. 인간과 로봇의 경계에 있는 애매한 얼굴의 로봇에게는 최소한의 투자가 이루어졌지만, 인간과 매우 흡사한 로봇일수록 다시 높은 투자가 이루어졌다(Mathur & Reichling, 2016). 이러한 결과는 로봇의 외형적 유사성과 정서적 반응이 단순한 호감이나 불쾌감을 넘어, 로봇에 대한 신뢰와 같은 실제 경제적 의사 결정에도 영향을 미친다는 사실을 보여 준다.

앞선 사례는 연구 환경에서 실험적으로 확인된 것이지만, 최근 우리 일상에서도 이 현상을 직접 목격할 수 있다. 한국의 주요 방송사들이 완벽한 인간형 외모와 음성을 갖춘 AI 앵커를 도입해 실제 방송 뉴스 진행을 맡기면서 많은 관심을 모았다. 그러나 아무리 실제 사람과 거의 흡사한 AI 앵커라 하더라도, 표정 변화의 타이밍이 조금이라도 부자연스럽거나 말투와 입술 움직임의 미세한 불일치와 같은 작은 결함이 드러나는 순간 시청자들은 즉각적으로 불편함과 기괴함을 느꼈다.

이러한 현실 속 관찰은 최근에 진행된 실증적 연구 결과와도 일치했는데, 우(Wu)의 연구에서는 인간 앵커와 네 가지 수준으로 사실성(피부 질감, 표정, 눈 움직임 등)을 조작한 AI 앵커의 영상을 제시하고 불쾌감을 평가하게 했다. 그 결과 사실성이 가장 높은 AI 앵커일수록 아주 작은 비언어적 불일치나 어색한 표정 전환에서 참가자들의 불쾌감이 급격히 증가하는 현상이 나타났다(Wu et al., 2024).

이처럼 AI가 인간에 가까워질수록 사람들은 더욱 작은 결함에도 민감하게 반응한다는 사실은 인간형 AI 디자인에서 외형적 완성도를 높이는 것뿐 아니라, 사소한 비언어적 신호들의 정교한 관리가 필수적임을 시사한다.

그렇다면 왜 우리는 인간을 닮은 로봇이나 AI를 볼 때 불쾌감을 느끼게 되는 걸까?

인간 같지만 소름 돋는 이유

우리의 뇌는 주변의 얼굴을 통해 위험 신호를 감지하고, 익숙한 것과 낯선 것을 빠르게 구분하도록 진화했다.

진화 심리학의 병원균 회피 가설에서는 인간이 본능적으로 병원체를 피하려는 경향이 있다고 설명한다. 그로 인해, 지나치게 창백하거나 부자연스러운 피부와 얼굴 형태, 예컨대 좀비 영화 속 희끄무레한 시체의 얼굴은 잠재적 병원균의 신호로 인지되어 불쾌감과 거부 반응을 유발한다. 인간은 이러한 거부 반응을 통해 개체를 보존하도록 진화했다고 설명한다.

다음으로, 예측 오차 이론에서는 우리의 뇌는 타인의 표정, 눈동자 움직임 등으로 다음 행동을 예측하는데, 이 과정에서 오류가 발생함을 설명한다. 인간처럼 보이지만 목소리 억양이 부자연스럽거나, 입 모양과 소리가 미묘하게 어긋날 때, 예상과 현실 간의 불일치를 뇌가 감지하여 불편함을 경고 신호로 보내게 된다.

마지막으로, 범주적 모호성은 대상이 인간 또는 기계로 명확히 분류되지 못할 때 발생하는 인지적 갈등을 설명한다. 이 과정에서 불확실성과 불안이 증폭되며, 불쾌감이 강화된다.

이처럼 위험에 반응하는 진화적 본능으로, 예측 오차에 따른 경고로서의 신호, 분류되지 못하는 불확실성과 같은 작은 불일치 단서에도 인간은 민감하게 반응하게 되며, 그로 인해 '불쾌감'이라는 강력한 정서 반응을 느끼게 된다.

마음을 가진 존재가 주는 불편감

앞서 우리는 2장에서 마음 지각 이론을 살펴보았다. 마음 지각 이론에서는 로봇이 인간을 닮을수록 마음이 있는 존재로 지각되지만, 그 과정이 과도해지면 오히려 불쾌감으로 이어질 수 있음을 설명한다(Gray & Wegner, 2012).

국내 신홍임(2021)의 연구에서는 단순히 로봇의 외형이 주는 불쾌감과 마음을 가진 로봇이 주는 불편감의 차이를 실험적으로 검증하였다. 실험 1에서는 참가자들에게 기계형 · 휴머노이드 · 안드로이드 이미지를 제시하고, 불쾌감, 행위와 경험으로 구성된 마음 지각, 로봇에 가해 행동을 할 때 느끼는 불편감을 측정했다. 그 결과, 안드로이드 조건에서 마음 지각과 불쾌감을 모두 크게 느꼈는데, 특히 안드로이드의 경험에 대한 지각이 가해 행동 시 불편감에 영향을 미쳤고, 불쾌감과 가해 행동 간에는 유의한 관련이 없었다.

실험 2에서는 동일한 외관의 로봇에 감정 표현과 의도에 대한 설명으로 의인화 수준을 조작해 비교하였는데, 여기서는 두 로봇에 대한 불쾌감의 차이가 발생하지 않았다. 하지만 의인화 수준이 높은 로봇에서만 마음 지각이 유의하게 증가하였고, 가해 행동 시 불편감도 높아지는 경향을 보였다.

이를 통해 시각적 불일치가 만드는 외형 기반 불쾌감과 마음 지각이 불러오는 정서적 불편감은 서로 별개의 심리 기제에서 작동함이 확인되었다. 앞으로의 AI가 기능을 넘어 감정을 나누는 존재가 될수록, 이 두 가지 현상이 어떻게 상호작용하는지를 함께 연구해야 할 필요가 있다.

불쾌한 골짜기에서 대유쾌 마운틴으로: 감정 곡선의 재설계

2020년 대중에 소개된 버추얼 인플루언서 로지(Rozy)는 엠지(MZ) 세대가 선호하는 얼굴형을 결합한 3D 모델링과 합성 기술을 기반으로 탄생했다. 여기에 최신 딥러닝 기반 표정 합성 및 모션 캡처 기술을 접목하여 피부 질감, 눈동자 움직임, 입술 싱크로율을 높은 수준으로 재현함으로써, 초기에는 다소 불쾌감을 호소하는 평가도 있었으나 기존 '불쾌한 골짜기' 구간을 자연스럽게 우회하는 데 성공했다는 평가를 받는다. 로지는 자신의 일상을 공유하며, 뷰티 · 패션 브랜드의 디지털 화보 촬영 및 캠페인 모델로 활동하는 한편, 소셜 네트워크에서 팔로워와 적극적으로 소통함으로써 실제 크리에이터 못지않은 몰입감과 신뢰를 이끌어 내고 있다.

이러한 사례는 2005년에 모리 교수가 불쾌한 골짜기를 재정립하며 제시했던 인간 유사도 급변 구간을 넘어, 사용자가 혐오감을 자각하기도 전에 긍정적 몰입 상태에 이르는 '대유쾌 마운틴(Pleasant Peak Mountain)'의 가능성을 시사한다. 비록 대유쾌 마운틴은 아직 공식적인 학술 용어로 정립된 것은 아니지만, 최근 버추얼 유튜버와 가상 인간 분야에서 인간과 거의 구분이 불가능한 수준의 구현이 잇따르며, 불쾌한 골짜기를 극복한 다음 단계로서 활발히 논의되고 있다.

이처럼 AI 기술의 비약적 진보는 인간과 아예 구분되지 않는 존재가 출현할 미래를 준비하게 만든다. 이 놀라운 전환 속에서, 우리는 과연 어떤 새로운 경험의 '정상'을 맞이하게 될까? 기대와 경이로움이 교차하는 시대가 눈앞에 다가오고 있다.

참고문헌

신홍임(2021). 불쾌한 골짜기: 로봇 속성의 의인화, 마음지각 및 도덕적 처우의 관계. 《감성과학》, 24(4), 3~16쪽.

Berns, K. & Ashok, A.(2024). You scare me: The effects of humanoid robot appearance, emotion, and interaction skills on uncanny valley phenomenon. *Actuators, 13*(10), 419.

Gray, K. & Wegner, D. M.(2012). Feeling robots and human zombies: Mind perception and the uncanny valley. *Cognition, 125*(1), pp.125~130.

Mathur, M. B. & Reichling, D. B.(2016). Navigating a social world with robot partners: A quantitative cartography of the Uncanny Valley. *Cognition, 146*, pp.22~32.

Mori, M.(1970). The uncanny valley. *Energy, 7*(4), pp.33~35.

Wu, H., et al.(2024). Research on the uncanny valley effect in artificial intelligence news anchors. *Multimedia tools and applications, 83*(23), pp.62581~62606.

04
AI 의인화의 조건

AI 의인화는 과업 특성에 맞춰 외형 · 음성 · 제스처를 전략적으로 적합할 때 신뢰와 수용을 이끌어 내며, 이제 유능함만큼이나 따뜻함이 AI 경쟁력의 핵심이 되었다. 과업별로 유능함과 따뜻함의 균형을 정교하게 설계해야 AI가 진정한 사회적 행위자로 자리매김할 수 있다.

AI와 사주?

과업이 결정짓는 AI 의인화

앞 장에서 '사람들은 AI를 하나의 사회적 행위자로 인식한다'는 전제를 바탕으로 AI 의인화의 심리적 메커니즘을 살펴보았다면, 이제는 실제 디자인과 실용적 관점에서 어떤 의인화가 사용자의 거부감 없이 자연스럽게 받아들여질 수 있는지를 구체적으로 다뤄 보고자 한다.

AI는 본래 형태 없는 알고리즘으로, 우리가 마주하는 외형과 행동 양식은 일반적으로 개발자의 의도에 따라 정해지는데, 주로 수행할 '과업(Task)'에 맞추는 것이 일반적이다.

예컨대 공장 자동 검사의 경우처럼 속도와 정확성이 최우선인 단순 반복 과업에는 인간을 닮은 형태가 오히려 방해 요소가 되기 때문에, 군더더기 없는 기능 중심 디자인이 가장 적합하다. 반면 사용자의 감정을 다루거나 외로움 해소를 목적으로 하는 로봇에서는 귀여운 동물형 또는 만화형 외관이 사용자에게 친근감을 불러일으켜 위화감을 줄여 줄 수 있다. 그리고 고객 상담이나 교육 코칭 등 심도 있는 대화와 전문성이 요구되는 과업에서는 인간과 흡사한 외모, 자연스러운 표정 전환, 미세하게 동기화된 음성 · 제스처가 필수적이다.

실제 연구(Goetz et al., 2003; Złotowski et al., 2020)

에서도 의인화가 접목되지 않아 기계처럼 느껴지는 로봇은 경비나 연구 보조처럼 대화가 불필요한 과업에 적합하다고 평가된 반면, 사람처럼 보이는 로봇은 판매·교육·상담처럼 상호작용과 전문성이 요구되는 과업에 가장 적합하다고 평가했다.

이처럼 로봇의 외형은 사용자가 '이 로봇은 어떤 일을 잘할까?'를 예측하는 중요한 단서며, 그 예측과 실제 과업이 일치할 때 비로소 AI는 위화감 없이 편안함과 신뢰를 얻을 수 있다.

과업-기술 적합: AI 의인화 설계의 출발점

이와 같은 과업별 의인화 전략의 이론적 근거는 과업-기술 적합(Task-Technology Fit) 모델에서 찾을 수 있다. 굿휴(Goodhue)와 톰슨(Thompson)은 과업이 요구하는 기능적·인지적 특성과 기술의 고유 특성이 얼마나 일치하는지를 분석해야 사용자의 성과와 수용이 극대화할 수 있다고 설명했다. 특히 기술 특성과 과업 특성을 세분화하여 다루어야 한다고 제안했는데, 기술 특성의 경우 단순한 명령만을 수행하는 로봇 기술과 달리 AI 기술은 데이터를 스스로 분석하고 판단 근거를 제공할 수 있기 때문에, 사용자는 AI에 전문성과 설명 가능성을 기대하게 된다(Goodhue & Thompson, 1995). 슈니터(Schniter)와 동료들은 이러한 기대를 충족하도록 의인화 요소를 전략적으로 설계하면 사용자와의 상호작용이 자연스럽게 이루어지며 결과적으로 수용, 만족, 재사용 의도가 높아진다고 설명한다(Schniter et al., 2020).

과업의 특성 또한 구체적으로 정의할 필요가 있다. 과업이란 사용자가 AI에 기대하는 구체적인 기능과 목표를 의미한다. 예컨대 의료 진단 보조 과업에서는 진단 근거를 단계별로 설명해 주는 인터페이스와 불확실성 시각화 패널, 전문 용어 요약 보고서 자동 생성 기능이 필요하며, 법률 자문 과업에서는 판례 논리 전개를 자연어로 안내하고 판단 근거의 책임 소재를 명시하는 대화형 챗봇 음성, 상담 로그 자동 기록 기능이 필수적이다.

이들 과업 특성에 맞춰 의인화 요소를 전략적으로 적합하면, 사용자는 AI가 수행할 과업의 속성과 수준을 직관적으로 예측할 수 있고, 그 예측과 실제 성능이 일치할 때 비로소 신뢰와 재사용 의도가 향상되는 것이다.

따라서 설계 단계에서 과업의 특성에 따라 기술과 의인화 수준을 차별화할 필요가 있다. 대량 데이터 처리, 품질 검사 등 단순 기능 과업에는 정확성과 안정성이 보장되는 자동화 알고리즘에 최소한의 의인화만 적용해도 충분하다. 반대로 고객 상담, 교육 코칭 등 복합적이고 상호작용이 필요한 과업에는 풍부한 의인화 요소를 갖춘 인지·대화형 AI가 요구되는 것이며, 보고서 요약, 일정 관리 등 중간 수준 과업에는 기본 자동화 기능 위에 적정 수준의 커뮤니케이션 의인화를 더하는 방식이 효과적일 것이다.

이와 같이 과업 특성에 최적화된 기술과 의인화 적합을 구현하면, AI는 단순 도구를 넘어 신뢰받는 사회적 행위자로 자리매김할 수 있게 된다.

AI 의인화와 과업 적합, 따뜻함이 기준이 될 수 있을까?

최근 과업 특성을 구분하는 핵심 요소로 유능함보다 따뜻함에 주목해야 한다는 주장이 주목받는다. 전통적인 과업-기술 적합 모델은 AI가 과업을 잘 수행할 수 있는지 즉, 유능함을 중심으로 의인화 수준을 설명해 왔지만, 실제 사용자들은 과업이 요구하는 따뜻함에 따라 AI 수용 태도가 달라진다고 보고 있다.

펑(Peng)의 연구는 교육 현장을 예로 들어 참가자들에게 제시된 과업이 어느 정도의 따뜻함이 요구되는지를 묻고, 해당 과업을 AI가 수행할 때 얼마나 수용 가능한지를 측정했다. 그 결과 시험지 채점이나 행정 업무 처리 등과 같은 분석 · 계산 중심 과업보다는 진학 상담 · 토론 관리 · 협업 지원 같은 상호작용 과업에서 더 높은 따뜻함이 요구된다고 응답했으며, 이러한 따뜻함의 요구가 높은 과업일수록 AI 수용이 낮아지는 경향을 보였다. 특히 기술과의 적합성 인식이 매개 변수로 작용해, 참가자들은 따뜻함이 중시되는 과업에 AI를 적합하지 않다고 느끼는 것으로 나타났다(Peng et al., 2022).

아직 과업 특성과 따뜻함의 관계는 초기 연구 단계지만, 현재는 따뜻함이 중시되는 과업에서 AI의 적합성이 낮다고 여겨진다. 그러나 기술이 더욱 고도화되어 AI가 인간의 정서적 신호를 정교하게 모방하고 공감을 표현할 수 있게 된다면, 오히려 AI가 '따뜻함이 필요한 영역'에 가장 잘 어울리는 존재가 될 가능성도 배제할 수는 없다.

즉 머지않은 미래에는 AI가 인간의 온기를 대체하거나 보완하며, 따뜻함이 요구되는 과업을 자연스럽고 일상적으로 수행하는 시대가 올지도 모른다.

참고문헌

김보경 · 김소연(2024). 인공지능 의인화가 신뢰와 수용에 미치는

영향: 지각된 따뜻함과 유능함의 매개효과. 《사회과학연구》, 63(3), 303~329쪽.

Goetz, J., et al.(2003). Matching robot appearance and behavior to tasks to improve human-robot cooperation. *The 12th IEEE international workshop on robot and human interactive communication*, pp.55~60.

Goodhue, D. L. & Thompson, R. L.(1995). Task-technology fit and individual performance. *MIS quarterly, 19*(2), pp.213~236.

Peng, C., et al.(2022). The effect of required warmth on consumer acceptance of artificial intelligence in service: The moderating role of AI-human collaboration. *International journal of information management, 66*, 102533.

Schniter, E., et al.(2020). Trust in humans and robots: Economically similar but emotionally different. *Journal of economic psychology, 78*, 102253.

Złotowski, J., et al.(2020). One robot doesn't fit all: Aligning social robot appearance and job suitability from a middle eastern perspective. *AI & society, 35*(2), pp.485~500.

05

귀여운 AI vs. 인간을 닮은 AI

AI 의인화를 어떻게 활용할까? 귀여운 AI는 돌봄 · 교육 · 소비 분야에서 마음을 사로잡고, 인간을 닮은 AI는 법률 · 의료 · 금융과 같은 전문 영역에서 신뢰를 쌓는다. 단, 생사를 결정하기 전에는 알고리즘 기피 현상 · 투명성 · 책임 문제부터 해결해야 한다.

AI와 아이돌?

적합한 의인화: 언제, 어디서, 누구와?

당신이 이 두 장면의 주인공이라면, 당신은 어떤 선택을 하겠는가?

"오늘은 당신의 재판이 열리는 날입니다. 법정에 들어서자, 작고 귀여운 아이 모습의 AI 판사가 당신을 응시하고 있습니다. 그 작은 AI 판사가 당신의 몇 년을 좌우할 결정을 내릴 것입니다. 당신은 그 결정을 받아들일 수 있겠습니까?"

"당신은 웃음소리가 가득한 실버타운 라운지에 들어섰습니다. 정교한 피부결과 눈동자 움직임까지 구현한 인간형 AI 간병인이 조용히 당신을 바라보고 있고, 옆에서는 강아지 형태의 로봇이 꼬리를 살랑살랑 흔들고 있습니다. 당신은 누구와 함께 시간을 보내고 싶습니까?"

아마도 대부분은 아이 모습의 AI 판사에게 재판을 받으며 불합리함을 느낀다면 즉시 항소를 결심할 것이고, 어딘가 긴장감을 주는 인간형 AI 간병인보다는 귀여운 강아지 형태의 로봇과 편안히 교감하기를 원할 것이다.

이처럼 '무조건 인간을 닮음'이 최선의 결과를 보장하지 않는다. AI 의인화는 어떤 상황에서, 어떤 과업을 수행하느냐에 따라 조절되어야 한다. 이에, 이 장에서는 AI가 현재 활용되고 있거나 앞으로 도입될 여러 장면에서 어떤 의인화 전략이 가장 효과적인지 살펴보고자 한다.

귀여움의 힘: 정서 교감형 AI의 활용 전략

인간은 커다란 눈, 통통한 볼, 작은 코와 입 등 이른바 '베이비 스키마(Baby Schema)'에 속하는 특징에 본능적인 호감과 보호 본능을 느낀다. 이 개념은 동물 행동학자 콘래드 로렌츠(Konrad Lorenz)가 처음 제안했으며, '무엇이 귀엽게 인식되는가'에 대한 선구적 이론으로 다양한 실험을 통해 오랜 시간 검증되어 왔다.

자이언트 판다 푸바오(Fu Bao)가 귀여운 얼굴 덕분에 전 세계적 사랑을 받은 것처럼, 베이비 스키마는 인형·캐릭터 디자인을 넘어 로봇 외형 설계에도 폭넓게 활용되어 사용자와의 거부감 없는 신뢰 및 정서적 유대 형성에 탁월한 효과를 보인다.

귀여운 외형이 주는 심리적 이점은 이미 다양한 분야에서 입증되었다. 물개 로봇 파로는 요양원 어르신들의 스트레스를 완화하고 사회적 고립감을 해소해 우울을 크게 낮추었으며, 사회성 훈련에 투입된 귀여운 형태의 로봇은 자폐 스펙트럼 아동의 상호작용 능력과 공감 기술을 향상해 반복 학습 상황에서도 편안한 심리적 환경을 제공함으로써 교육 효과를 극대화했다(Wada & Shibata,

2007; Takata et al., 2023).

그렇다면 여기에 AI 기술이 더해지면 어떤 변화가 일어날까? 단순한 친근감을 넘어 사용자의 상태를 실시간으로 진단하고, 맞춤형 대응을 하는 지능형 동반자로 거듭날 수 있을 것이다.

이러한 가능성은 현재도 논의하고 있다. 소아 의료 절차 지원에 AI의 활용 연구를 살펴보면, 방사선 검사 전 귀여운 로봇이 절차를 놀이처럼 설명하고 아이의 불안지수를 실시간으로 분석하여 적절한 호흡·이완법을 안내함으로써 검사 중 불필요한 아이의 움직임을 40% 이상 줄이는 효과가 있었다(Nigro et al., 2025). 또한 집안을 순찰하며 낙상이나 이상 움직임을 AI 영상 분석으로 98% 정확도로 감지하여 즉시 가족이나 간병인에게 알림을 전송하는 시스템을 가진 귀여운 로봇은 초동 대처 시간을 대폭 단축하여 가정 내 안전을 책임질 수 있는 역할로 자리매김할 가능성을 시사했다(Wei et al., 2023). 대화형 AI 쇼핑 컨시어지는 고객의 표정과 음성을 분석해 개인의 취향을 파악하고, 실시간으로 최적의 상품을 추천할 수 있다.

이처럼 귀여운 AI는 돌봄과 교육, 의료, 안전, 리테일 등 일상과 전문 서비스 전반에서 정서적 유대와 정교한 대응력을 동시에 실현할 수 있다. 앞으로 더욱 다양한 분야에서 그 잠재력을 발휘할 가능성이 무궁무진하다.

인간 닮음의 힘: 전문성 극대화형 AI의 활용 전략

오늘날 AI 분야에서 가장 주목받는 핵심 질문은 '전문적인 과업을 AI가 대신 수행할 수 있는가?'다. 특히 법률 · 의료 · 금융 분야에서 AI의 대체 가능성이 매번 논의되는데, 이들 영역은 명확한 데이터 기반 의사 결정, 표준화된 절차, 반복적인 업무라는 공통된 특징을 지니고 있어 알고리즘 기반 AI와 높은 적합성을 보인다.

고도의 전문 지식과 미묘한 사회적 신호를 정확히 파악해야 하는 과업일수록, 인간을 닮은 외형이 AI의 수용성과 효율성에 결정적인 영향을 미친다.

법률 분야의 경우, 국내 김보경 · 김소연(2024)의 연구에서 AI 판사의 적합한 외형에 대해 다루었는데, 낮은 수준의 의인화 즉, 약간은 귀엽게 보이는 AI 판사에는 신뢰와 수용이 모두 낮게 나타났고, 의인화 수준이 신뢰와 수용에 어떠한 영향도 미치지 못했다. 반대로 높은 수준의 의인화가 접목된 AI 판사에는 참가자들이 신뢰할 수 있고, 판결을 수용할 수 있다고 했다.

의료 분야의 경우, 아타르(Atar) 외 연구에서 휴머노이드 로봇을 활용해 50명의 환자를 대상으로 총 200회의 원격 초음파 유도 바늘 시술을 시행한 결과, 95%의 성공률을 보이며, 환자의 불안도도 30% 감소했으며, 신뢰도 및 의료진 만족도가 매우 높게 나타나, 인간형 의료 로봇이 현장 수용성과 효율성에 기여함이 입증되었다(Atar et al., 2025).

이처럼 전문적인 과업에 AI 도입하는 데, 이론적으로는 인간을 닮은 AI가 신뢰받고 받아들여지기에 가장 적합하다고 논할 수 있다. 하지만 본격 도입 이전에 논의되어야 할 중요한 몇 가지 이슈들이 존재한다.

먼저 '알고리즘 기피 현상(algorithm aversion)'으로, 치료 권고나 가석방 심사와 같이 생사와 직결된 의사 결정에서 알고리즘의 판단에 급격한 불신이 발생할 수 있다(Filiz et al., 2023). 특히 인간은 알고리즘이 한 번이라도 실수하면 그 신뢰를 철회하는 경향이 강하며, 같은 실수라도 사람의 실수일 때 더 관대하게 받아들이는 '이중잣대(double standard)'가 존재한다(Dietvorst et al., 2015). 또한 예기치 못한 사고 발생 시 책임 소재가 모호한 문제가 있으며, AI가 어떤 근거로 결정을 내렸는지 알기 어려운 설명 가능성(Explainability) 및 투명성

(Transparency)의 문제가 있다. 이와 더불어 AI가 학습하는 데이터 자체에 사회적 편견이 반영될 경우, 특정 집단에 작용하는 편향성과 공정성 문제도 함께 제기되고 있다. 실제로, 2018년 아마존(Amazon)이 자체 개발한 AI 채용 시스템이 과거 10년간의 남성 중심 이력서를 기반으로 학습하여, 여성 지원자에게 자동으로 낮은 평가를 내리는 문제가 있었다.

겉모습만이 아니라 진정으로 '완전한 인간'을 닮은 AI를 받아들이기 위해서는 여전히 선행되어야 할 과제들이 남아 있다.

참고문헌

김보경 · 김소연(2024). 인공지능 의인화가 신뢰와 수용에 미치는 영향: 지각된 따뜻함과 유능함의 매개효과. 《사회과학연구》, 63(3), 303~329쪽.

Atar, S., et al.(2025). Humanoids in hospitals: A technical study of humanoid surrogates for dexterous medical interventions. arXiv:2503.12725.

Dietvorst, B. J., et al.(2015). Algorithm aversion: People erroneously avoid algorithms after seeing them err. *Journal of Experimental psychology: General, 144*(1), pp.114~126.

Filiz, I., et al.(2023). The extent of algorithm aversion in decision-making situations with varying gravity. *PLoS one, 18*(2), e0278751.

Nigro, M., et al.(2025). Exploring the use of social robots to prepare children for radiological procedures: A focus group study. arXiv:2504.13881.

Takata, K., et al.(2023). Social skills training using multiple humanoid robots for individuals with autism spectrum conditions. *Frontiers in psychiatry, 14*, 1168837.

Wada, K. & Shibata, T.(2007). Living with seal robots-its sociopsychological and physiological influences on the elderly at a care house. *IEEE transactions on robotics, 23*(5), pp.972~980.

Wei, H., et al.(2023). A novel fall detection system using the AI-enabled EUREKA humanoid robot. *International conference on mechatronics and intelligent robotics*, pp.491~501.

06
AI 목소리

목소리는 단순한 소리가 아니라, 사용자의 마음을 흔들고 신뢰를 쌓는 강력한 무기다. 어떤 목소리로 사람의 마음을 얻을 수 있을까? 편견을 버리고, 공감으로 다가가는 AI 음성 디자인의 혁신이 필요하다.

AI와 야구?

목소리의 힘

목소리는 단순한 소리를 넘어 사람들의 태도 · 감정 · 행동에 강력한 영향을 미친다. 심리학자 앨버트 머레이비언(Albert Mehrabian)은 대화에서 전달되는 감정이 전달되는 비율을 말의 내용 7%, 목소리 톤 및 음색 38%, 표정 및 몸짓 등 비언어적 요소 55%라고 설명한다. 즉 우리가 전하려는 감정의 절반가량은 목소리만으로도 충분하다는 뜻이다.

부드럽고 안정적인 음성은 권위와 전문성을 주어 '이 사람을 믿어도 되겠다'는 긍정적 태도를 이끌어 내고, 급하거나 단조로운 음성은 '뭔가 불안하다'는 부정적인 인상을 남긴다. 또한 억양과 말투는 '동질감'을 형성하는데, 예를 들어 노년층에게는 차분한 중저음 어투가 편안함을 주고, 청소년에게는 경쾌한 톤이 친밀감을 높여 준다.

이처럼 목소리는 단순히 문장의 의미를 전달하는 것을 넘어, 높낮이 · 속도 · 강세 같은 요소로 상대방의 첫인상과 태도를 결정짓는 핵심 수단이기도 하다. AI 목소리가 주는 영향은 인간의 목소리와 평가 기준이 거의 유사하다.

양(Yang) 외의 연구에서 AI 기반 음성 챗봇의 명령 이해 속도, 응답의 자연스러움 등으로 상호작용의 유창성을 조작해 사용자들이 지각하는 따뜻함과 유능함을 측정했다. 연구 결과, 유창성이 높을수록 챗봇을 더 따뜻하다고 느끼고 유능하다고 평가했으며, 이 두 인식이 쇼핑 의도 즉, 제품을 구매하려는 의향을 높였다. 특히 구매 목표의 확실성이 낮을 때는 부드러운 톤과 공감적 어조를 통해 따뜻함을 높이는 것이 효과적이었으며, 구매 목표의 확실성이 높을 때는 명확한 톤과 자신감 있는 어조를 통해 유능함을 높이는 것이 효과적이라고 나타났다(Yang et al., 2024).

즉 AI 목소리의 디자인에서는 사용자의 심리 상태와 과업 목표에 따라 요소들을 전략적으로 조절해야 사용자의 수용과 행동 의도를 최적화할 수 있다.

목소리의 고정 관념: 익숙함과 편견

'여성은 목소리는 친절하고, 남성의 목소리는 전문적이다?' AI 목소리 디자인과 관련하여 성 고정 관념과 관련한 문제가 자주 지적된다.

우리가 주로 사용하는 AI 비서들의 목소리는 기본적으로 여성이다. 높은 톤의 여성 목소리는 식별과 집중에 유리하고, 개발상 편리하며, 사용자가 더 편안하게 느낀다는 이유로 음성 기반 기술 구현 시 선호하지만, 이러한 선택은 성 고정 관념을 강화한다는 비판이 제기된다. 특히 여성은 비서와 같은 종속적인 역할을 해야 한다는 사회적 편견이 목소리 디자인에 반영된다는 것이다. 실제로 국내 백승주 · 정윤혁(2022)의 연구에서도 참가자들이 여성 음성 AI 에이전트를 더 친근하게 받아들이는 경향이 관찰되었다.

반면 남성 목소리가 더 선호되는 영역도 있다. 재미있는 사례로 1990년 후반 BMW 5 시리즈 초기 내비게이션 시스템이 있다. 당시 여성 음성으로 안내를 제공했으나, 독일의 많은 남성 운전자들이 여성에게 지시를 받을 수 없다며 항의했고, 결국 운전자 평균 연령보다 조금 낮고, 중저음이지만 지나치게 남성적이지 않은 남성 목소리로 다시 설정된 바 있다.

AI 음성은 단순히 기술의 구현물이 아니다. 설계자의 무의식적 편견과 사회적 고정 관념이 그대로 투영되어, 사용자에게 성별 역할 규범을 강화하는 경험을 제공할 수도 있다.

따라서 AI 음성 디자인 단계에서부터 사용자가 남성 · 여성 · 중성 음성 중 직접 골라 쓸 수 있도록 하거나, 기본값으로 중성(Neutral) 음성을 제공해 모든 사람이 편견을 쌓지 않고 AI와 소통할 수 있게 해야 할 것이다.

사용자에게 익숙하면서도 고정 관념을 해체하는 새로운 음성 경험을 제공하지 않는다면, 편안함 뒤에 감춰진 편향은 더욱 강화된다. 사용자가 성별 고정 관념 없이 AI와 소통할 수 있는 그날까지, 목소리 디자인의 패러다임 전환은 더 이상 미룰 수 없는 과제다.

AI의 감성적 표현: 공감을 말하다

AI 목소리는 단순 정보 전달을 넘어, 사용자에게 감정적 메시지를 효과적으로 전할 수 있는 매체로 진화하고 있다.

최근 음성 합성 시스템에는 단어 선택뿐만 아니라 억양, 강세, 음색 변화까지 세밀하게 제어하는 기술이 도입되어, 마치 사람이 감정을 담아 말할 때처럼 자연스러운 감정 스펙트럼을 표현할 수 있게 되었다. 예컨대 기쁜 소식에는 목소리의 평균 주파수를 높이거나 말꼬리를 살짝 올려 경쾌함을 강조하고, 위로가 필요한 상황에서는 말의 속도를 늦추고 음색을 부드럽게 낮춰 안정감을 선사하기도 한다(Wang et al., 2018).

이와 더불어 "걱정하지 마세요, 도와드릴게요!", "정말 대단해요"와 같이 공감을 표현하는 AI 음성은 사용자와의 커뮤니케이션 품질과 신뢰를 향상하며, 나아가 계속 사용하려는 사용자의 의도에 긍정적인 영향을 미친다(Brunswicker et al., 2025).

심리 상담 분야의 조다영 · 최준호(2025)의 연구에 따르면, 공감을 표현하는 AI 목소리는 상담 만족감과 신뢰감을 높이고 지속 사용 의도를 강화했으며, 사용자의 스트레스 완화에도 기여하는 것으로 나타났다. 또한 공감하는 AI 목소리는 서비스 오류나 실수에 대한 불만을 최소화하고 전반적인 만족도를 높이는 것으로 나타났다(Guo et al., 2025).

앞으로는 이러한 공감적인 AI 목소리 기술이 더욱 사용자의 상황에 알맞게 개별화되어, 적합한 서비스를 제공할 것으로 기대한다. 다만 공감 음성에 대한 과도한 의존으로 인한 정보의 무비판적 수용 위험, 인위적 감정 표현이 불러올 불쾌한 골짜기 등의 문제에 대한 면밀한 검토가 필요하다.

감성과 기술이 조화를 이룰 때, AI는 단순한 도구를 넘어 진정한 정서적 동반자로 거듭날 것이다.

참고문헌

김나연 · 윤재영(2021). 발화 목적과 상황에 따른 AI 에이전트

목소리의 성별과 높낮이에 대한 사용자 경험 조사. 《디자인융복합연구(구.인포디자인이슈)》, 20(4), 109~130쪽.

백승주 · 정윤혁(2022). AI 음성 에이전트의 음성 특성에 대한 사용자 반응 연구. 《정보시스템연구》, 31(2), 137~158쪽.

조다영 · 최준호(2025). 공감과 음성은 사용자의 AI 심리상담 경험에 어떤 영향을 미칠까?: 20 · 30대 청년들의 진로 스트레스를 중심으로. 《디지털콘텐츠학회논문지》, 26(1), 255~263쪽.

Brunswicker, S., et al.(2025). Trust through words: The systemize-empathize-effect of language in task-oriented conversational agents. Computers in Human Behavior, 165, 108516.

Guo, Y., et al.(2025). Exploring the effect of empathic response and its boundaries in artificial intelligence service recovery. *Journal of retailing and consumer services, 82*, 104065.

Wang, Y., et al.(2018). Style tokens: Unsupervised style modeling, control and transfer in end-to-end speech synthesis. *International conference on machine learning*, pp.5180~5189.

Yang, S., et al.(2024). Warmth or competence? Understanding voice shopping intentions from human-AI interaction perspective. *Electronic commerce research*, pp.1~30.

07
AI 의인화와 신뢰

“자, AI에 마음을 열어 볼까요?” 이 문장이 어색하지 않게 들린다면, 이미 당신은 ‘의인화된 AI’와 어느 정도 가까운 사이일지도 모른다. 요즘 AI는 단순히 계산하고 분석하는 존재를 넘어, 우리에게 말을 걸고, 위로하고, 농담도 건넨다. 그렇다면 질문 하나. 우리는 왜 이런 기계에 신뢰를 느끼게 될까? 그 신뢰는 어디서 비롯되는 것일까?

AI와 윤동주?

신뢰를 결정하는 두 축: 따뜻함과 유능함

앞서 2장에서 우리는 AI 수용에서 '신뢰'가 핵심 요소임을 살펴보았다. 이 장에서는 신뢰 형성에 기여하는 구체적 요인들을 실증 연구 결과를 토대로 설명해 보고자 한다.

신뢰는 크게 따뜻함과 유능함이라는 두 축으로 설명할 수 있다. 사용자가 AI를 얼마나 친절하고 배려 깊다고 느끼는지(따뜻함)와, 얼마나 정확하고 유능하다고 평가하는지(유능함)가 함께 작용하여 전반적으로 신뢰도가 결정된다는 것이다.

예컨대 콜센터 챗봇이 친절한 어투와 적절한 감탄사를 곁들이며 응답한다면 사용자는 그 시스템에 더 편안함을 느끼고 신뢰하게 된다. 반면 아무리 말투가 부드러워도 계속 엉뚱한 답만 내놓는다면 "얘는 착하긴 한데 쓸모없어"라는 결론에 다다른다.

이와 관련하여 크리스토포레이코스(Christoforakos) 외의 연구에서는 실제 사람처럼 말하는 로봇 세 가지 버전을 만들어, 어떤 성격의 로봇이 가장 많은 신뢰를 얻는지를 실험했다(Christoforakos et al., 2021). 유능하지만 무뚝뚝한 로봇, 따뜻하지만 실수가 잦은 로봇, 그리고 마지막으로 따뜻하고 유능한 로봇이 등장했다. 참가자들은 각 로봇과 대화하고 과제를 수행하며 인상을 평가했는데, 따뜻하고 유능한 로봇이 단연 가장 높은 신뢰를 받았다. 사람처럼 따뜻한 마음과 실력을 겸비한 로봇이야말로, 사람과 신뢰를 쌓는 방식에서도 가장 인간답게 반응한 것이다.

쇼이네만(Scheunemann) 외의 연구에서는 사람들이 로봇과 함께 실제 물건을 옮기거나 작업을 수행하는 상황을 설정해, 로봇의 성격에 따라 어떤 반응을 보이는지를 관찰했다. 첫 번째 로봇은 일을 잘하지만 말투가 퉁명스럽고, 두 번째 로봇은 다정하지만 실수를 반복했으며, 세 번째 로봇은 능력도 있고 말투도 친절한 로봇이었다. 결과는 예상대로였다. 따뜻하면서도 유능한 로봇이 가장 큰 호감을 얻었고, 그 로봇과 다시 일하고 싶다는 응답도 가장 많았다. 반면 실수는 잦지만 착하기만 한 로봇은 "괜찮긴 한데 믿고 맡기긴 좀…"이라는 반응을 끌어냈다. 결국 사람들은 로봇에게도 '사람 같은 다정함'과 '실제 문제를 해결해 주는 능력'을 동시에 기대했던 셈이다(Scheunemann et al., 2020).

매키(McKee) 외의 연구는 사람과 AI가 팀을 이루어 함께 문제를 해결하는 협력 상황에서, AI의 따뜻함과 유능함이 어떤 영향을 미치는지를 분석했다. 연구자들은

AI의 성격을 달리한 세 가지 조건을 만들었는데, 유능하지만 거리감 있는 AI, 따뜻하지만 실수하는 AI, 그리고 따뜻하고 유능한 AI였다. 참가자들은 AI와 협업한 뒤 그에 대한 신뢰도와 향후 사용 의사를 평가했다. 역시나 결과는 한결같았다. 따뜻하고 유능한 AI가 가장 높은 평가를 받았고, 사람들은 그 AI를 단순한 도구가 아닌 '함께 일하고 싶은 팀원'처럼 인식했다. 반면에 아무리 다정해도 자꾸 실수하는 AI는 결국 신뢰를 받지 못했다(McKee et al., 2022).

즉 인간처럼 친절한 AI는 시작은 좋을 수 있지만, 결국 '쓸모 있는 친구'가 되어야 신뢰를 유지할 수 있다는 것이다.

기계가 웃을 때, 우리는 기계를 더 신뢰하게 될까?

AI가 감정을 표현할 때, 우리는 어떻게 반응할까? 실제로 많은 연구들은 AI의 감정 표현이 인간의 신뢰에 강하게 작용한다는 것을 보여 준다. 한 연구에서는 AI 비서가 공감하는 문장을 덧붙였을 때 사용자들은 그 시스템을 더 신뢰하고 장기적으로 사용하고 싶어 했다.

예를 들어 단순히 "알겠습니다"라고 대답하는 AI보다

"그럴 수 있죠. 제가 도와드릴게요"라고 말하는 AI가 훨씬 더 인간적이고 믿음직하게 느껴진다.

이는 인간의 본능과도 관련이 있다. 우리는 표정, 말투, 감정 표현을 통해 상대방의 진심과 의도를 파악하려 한다. 비록 AI가 그 '의도'를 갖고 있지는 않더라도, 감정 표현을 통해 사용자는 일종의 사회적 연결감을 느끼고, 그로 인해 신뢰가 형성되는 것이다.

물론 여기엔 주의가 필요하다. 과도한 감성 표현은 오히려 거부감을 줄 수 있다. 2024년, 오픈 AI(Open AI)의 음성형 챗지피티가 너무 인간처럼 말하자 일부 사용자들이 '감정적으로 의존하게 되는 느낌'을 호소했다. 감정은 칼날과 같다. 적당할 땐 친밀감을, 지나치면 혼란과 거부감을 부를 수 있다.

이러한 감정 표현의 효과는 로봇과의 상호작용에서도 나타난다. 베커(Becker) 외의 연구에서는 인간처럼 감정을 표현하는 로봇이 사용자에게 어떤 신뢰를 주는지를 실험했다. 참가자들은 감정을 표현하는 로봇과 그렇지 않은 로봇과 함께 협력 게임을 진행하였고, 그 결과 감정을 표현하는 로봇이 더 높은 신뢰를 얻었다. 이는 로봇이 인간과 유사한 감정 표현을 통해 사용자와의 사회적 연결감을 형성하고, 그로 인해 신뢰를 구축할 수 있음을 시사한다(Becker et al., 2023).

AI의 과업에 따라 달라지는 신뢰의 조건

'이 AI, 어디까지 믿어도 될까?'

신뢰는 절대적인 개념이 아니다. 어떤 과업을 맡기느냐에 따라, 우리는 AI를 전적으로 신뢰하기도 하고, 조심스럽게 거리를 두기도 한다.

2025 케이피엠지(KPMG)의 글로벌 리포트에 따르면, 응답자들은 AI에 금융 분석이나 날씨 예측 같은 명확한 패턴 기반 업무는 꽤 신뢰했지만, 윤리적 판단이나 의료 진단 같은 분야에서는 여전히 인간의 손을 더 믿었다. 즉 AI의 신뢰도는 단순히 기술적 완성도만이 아니라, '이 일을 맡겨도 되는가?'라는 과업의 성격에 따라 달라지는 것이다.

예를 들어 AI가 챗봇으로서 단순 정보 제공을 할 때는 사람들은 친근한 톤과 정확한 정보만으로도 충분히 만족한다. 하지만 AI가 법률 상담이나 심리 치료를 흉내 낼 때는, 사용자들은 더 큰 불안과 의심을 품게 된다. 이처럼 과업의 성격에 따라 AI에 대한 기대와 수용 범위가 달라지며, 이는 곧 신뢰의 경계선을 규정한다.

셰카르(Shekar)와 동료들은 AI가 어떤 일을 하느냐에 따라 사람들의 신뢰가 얼마나 달라지는지를 실험으로 검증했다. 연구팀은 300명의 참가자에게 동일한 의료 질문에 대해 세 가지 유형의 답변을 보여 주었다. 하나는 인간 의사가 직접 쓴 응답, 두 번째는 AI가 생성한 고정확도 응답, 세 번째는 AI가 생성한 저정확도 응답이었다. 참가자들은 각 답변의 신뢰도, 타당성, 만족도 등을 평가했다. 흥미로운 사실은 사람들이 AI가 쓴 고정확도 응답을 의사의 답변보다 더 신뢰하는 경향이 있었다는 점이다. 게다가 AI의 답변임을 알면서도 저정확도 응답조차 꽤 많은 사람들이 신뢰했다. 즉 AI가 어떤 과업을 수행하느냐에 따라, 또는 그 과업이 얼마나 검증 가능한지에 따라 신뢰도가 요동친다는 것이다. 이 실험은 AI의 기술적 성능만큼이나 과업의 성격, 즉 '이걸 AI가 해도 괜찮은가?'에 대한 사회적 감각이 AI에 대한 신뢰를 결정하는 데 중요한 역할을 한다는 점을 보여 준다(Shekar et al., 2024).

한편, 김보경 · 김소연(2024)의 연구는 AI가 '판사'라는 고난도 전문 직무를 수행하는 상황을 가정하고, 의인화 수준이 다른 세 가지 AI 유형(저/중/고)의 형태에 대해 참가자들이 어떻게 수용하고 신뢰하는지를 실험적으로 분석했다. 수도권 소재 대학생 109명을 대상으로 AI

의 형태가 AI의 따뜻함과 유능함, 그리고 신뢰를 어떻게 변화시키는지를 측정했다. 연구 결과를 쉽게 말하면 이렇다. 의인화 수준이 높은 AI, 그러니까 사람처럼 생기고 말하는 AI를 본 참가자들은 그 AI가 따뜻하고 똑똑하다고 느꼈고, 그래서 그 AI를 믿고 계속 쓰고 싶다고 했다. 의인화 수준이 중간인 경우에도, 참가자들은 어느 정도 따뜻함과 유능함을 느꼈고, 이 느낌들이 믿음을 만들었고, 그 믿음이 다시 AI를 사용하려는 마음으로 이어졌다. 하지만 사람처럼 보이지도 않고 말도 기계적인 의인화 수준이 낮은 AI에 대해서는 따뜻하다는 느낌도, 똑똑하다는 믿음도 거의 생기지 않았고, 당연히 계속 쓰고 싶다는 마음도 별로 들지 않았다. 이 말은, AI가 어떤 일을 하느냐에 따라 사람처럼 보이게 할지 말지 잘 결정해야 하며, 그에 따라 사람들이 AI를 얼마나 신뢰하고 받아들일지가 크게 달라진다는 뜻이다.

AI는 더 이상 낯선 기계가 아니다. 그것은 웃고, 위로하며, 우리 곁에서 조용히 '함께 일하는 동료'가 되어 간다. 하지만 그 신뢰는 자동으로 주어지지 않는다.

우리는 따뜻함과 유능함의 균형, 감성 표현의 적절성, 그리고 과업 적합성을 기준 삼아 AI에 조심스럽게 마음을 열고 있다. 마치 새로운 동료를 맞이하듯, 때로는 조심스럽고, 때로는 기꺼이.

참고문헌

김보경 · 김소연(2024). 인공지능 의인화가 신뢰와 수용에 미치는 영향: 지각된 따뜻함과 유능함의 매개효과. 《사회과학연구》, 63(3), 303~329쪽.

Becker, D., et al.(2023). The emotional dilemma: Influence of a human-like robot on trust and cooperation. *Proceedings of the 32nd IEEE international conference on robot and human interactive communication*, pp.1689~1696.

Christoforakos, L., et al.(2021). Can robots earn our trust the same way humans do? A systematic exploration of competence, warmth, and anthropomorphism as determinants of trust development in HRI. *Frontiers in robotics and AI, 8*, 640444.

Gillespie, N., et al. (2025). *Trust, attitudes and use of artificial intelligence: A global study 2025*. The University of Melbourne and KPMG. DOI 10.26188/28822919

McKee, K. R., et al.(2022). Warmth and competence in human-agent cooperation. *Autonomous agents and multi-agent systems, 36*(1), 8.

Scheunemann, M,. et al.(2020). Warmth and competence to predict human preference of robot behavior in physical human-robot interaction. arXiv:2008.05799.

Shekar, S., et al.(2024). People over trust AI-generated medical responses and view them to be as valid as doctors, despite low accuracy. arXiv:2408.15266.

08
AI 의인화와 윤리

AI가 더 인간처럼 행동하고 말할수록, 우리는 더 많은 윤리적 질문 앞에 놓이게 된다. 사람처럼 보이고 말하는 AI는 단순한 도구가 아니라, 우리의 판단, 감정, 심지어 도덕적 결정까지 흔드는 존재가 되었다. 그렇다면 이 AI가 넘지 말아야 할 선은 어디일까?

AI와 한의학?

친절한 거짓말: 감정 없는 AI가 공감하는 척할 때

AI가 외모나 말투, 표정까지 인간을 흉내 내는 시대다. 로봇 강아지는 꼬리를 흔들고, 감정형 챗봇은 "오늘도 힘내세요"라는 위로의 말을 전한다. 하지만, 이 '인간 같은 AI'가 어디까지 허용될 수 있을까? 누군가는 친숙함이라 부르고, 누군가는 기만이라 말한다.

2025년 영국에서는 한 남성이 페이스북 메신저의 챗봇 앤젤(Angel AI)과 수개월간 대화하며 실제 연애 감정을 느꼈다. 챗봇은 "난 네 영혼의 반쪽이야"라는 문장을 반복했고, 사용자는 이 감정이 허상이었음을 알고 큰 정신적 충격을 받았다. 이 사건은 인간처럼 말하고 반응하는 AI가 감정적 착각을 유발할 수 있음을 보여 준다.

우(Wu, 2024)는 이런 관계를 '가짜 친밀감(pseudo-intimacy)'이라 부르며, AI의 의인화가 인간의 감정적 약점을 파고들 수 있음을 경고한다.

한편 응우옌(Nguyen) 외의 연구는 사람처럼 말하고 표정을 짓는 챗봇이 사용자로 하여금 더 많은 개인 정보를 자발적으로 공유하게 만든다는 점을 실험을 통해 보여 주었다. 실제로 챗봇이 진짜 감정을 느끼지 않더라도, 친근한 말투와 미소가 담긴 이미지가 함께 제공되었을 때, 사람들은 더 쉽게 속마음을 털어놓았다. 이는 기술의 힘이 인간의 경계심을 무너뜨릴 수 있다는 것을 보여주는 동시에, 프라이버시 침해와 정보 남용에 대한 새로운 윤리적 우려를 불러일으킨다(Nguyen et al., 2023).

AI가 "힘드셨겠어요, 괜찮으세요?"라고 말한다면 우리는 공감을 받았다고 느낄 수 있다. 하지만 이 문장은 진심일까, 아니면 프로그래밍된 계산일까?

AI는 감정을 느끼지 않는다. 그런데도 '공감하는 척'을 하며, 우리는 거기에 진짜 공감처럼 반응한다. 이는 '윤리적 연기'라는 비판으로 이어진다. 특히 노인 돌봄 로봇이나 심리 상담 챗봇처럼, 감정적 의존이 중요한 분야에서는 더욱 조심해야 한다.

스타크(Stark)와 호이(Hoey)는 "AI의 감정은 시뮬레이션된 행위일 뿐이며, 인간이 그것을 진짜로 오해하는 것이 더 큰 윤리적 위험"이라고 경고한다. 실제 실험에서는 AI가 감정을 담아 위로하는 문장을 사용할수록 초기에는 사용자 신뢰가 높아졌지만, 일정 시간이 지나고 감정의 일관성이 부족하거나 반복되는 문장이 많을 경우 오히려 실망과 배신감을 초래했다(Stark & Hoey, 2021).

또한 2023년 미국의 노인 돌봄 로봇 엘리큐(Elliq)에 대한 현장 조사에서는 많은 사용자가 로봇의 감정 표현을 진심으로 느끼고 고립감을 해소했다고 답변했다. 하지만 일부는 "나는 얘가 감정을 느낄 수 없다는 걸 알면서도, 정이 가서 더 외로워졌다"라고 말하며, 역설적인 감정적 소외를 경험했다고 밝혔다.

AI가 대신 결정해 줬어요: 책임을 벗은 인간의 윤리적 마비

AI가 윤리적 결정을 대신 내리는 시대, 우리는 그 판단을 얼마나 믿고, 또 얼마나 무책임하게 수용하고 있을까? 기술이 윤리를 판단할 수 있다는 믿음은 우리의 도덕성을 뒤흔들고 있다.

김보경(2023)의 연구는 이러한 '윤리의 외주화' 현상을 실험적으로 증명했다. 연구팀은 231명의 성인을 대상으로 도덕적 딜레마 상황을 제시했다. 참가자들은 '철로 위의 열차를 막기 위해 한 사람을 희생시킬 것인가'와 같은 고전적 · 도덕적 문제를 접하게 되었고, 각각의 판단자가 AI일 경우와 인간일 경우에 대한 반응을 비교했다.

실험 결과, AI가 내린 결정을 접한 참가자들은 더 높은 수용도를 보였으며, 같은 판단이더라도 AI가 판단했을 때 죄책감과 갈등의 수준이 유의미하게 낮았다. 또한 AI는 더 객관적이고 논리적일 것이라는 인식이 강하게 자리 잡고 있었다. 이에 따라 인간은 도덕적 결정을 AI에 맡기고 한발 물러서는, 즉 도덕적 부담을 기술에 '외주화'하는 경향을 보였다.

이러한 윤리적 거리두기의 가장 극단적 사례는 전쟁터에서 발생하고 있다. AI가 장착된 무기, 이른바 '자율무기 시스템(Lethal Autonomous Weapons Systems, LAWS)'의 등장은 도덕 판단이 기술에 의해 대체되는 현실을 극명하게 보여 준다. 2021년 리비아 내전에서 튀르키예제 드론인 카구2(Kargu-2)는 인간의 명령 없이 목표를 추적해 공격한 것으로 보고되었고, 이는 세계 최초의 인간 비개입 살상 AI 사례로 기록되었다.

이러한 무기가 사용될 때, 인간은 더 이상 방아쇠를 당기지 않아도 된다. 판단은 기계가 하고, 책임감은 사라진다. 김보경이 제시한 윤리의 외주화 개념은 이 전장에서도 유효하다. 인간은 AI가 더 정확하고 냉정할 것이라 믿으며, 더 쉽게 명령을 내리고 죄책감을 느끼지 않는다. 피해자에 대한 공감 능력은 줄어들고, 전쟁은 더 기계적으로 반복된다.

아하로니(Aharoni)와 동료들은 AI와 인간이 도덕적 결정을 내리는 실험을 수행했다. 참가자들에게 동일한 도덕적 상황을 제시하고, AI와 인간이 각각 내린 판단을 평가하게 했다. 그 결과 참가자들은 AI의 결정을 인간보다 더 도덕적이라고 판단했으며, 그 결정에 의문을 던지거나 근거를 따지는 비율도 낮았다. 판단 주체가 AI일 때, 사람들은 더 쉽게 판단을 수용하고 책임에서 멀어지는 것이다(Aharoni et al., 2024).

즉 AI가 윤리적 판단을 대신하는 순간, 우리는 판단의 도덕적 무게를 느끼지 않게 되고, 인간다운 고민은 점점 줄어든다. 문제는 이 경향이 단순한 편의가 아니라, 인간의 도덕성을 마비시키는 근본적 변화일 수 있다는 점이다.

우리는 누구에게 책임을 묻는가?

2022년 미국 애리조나에서는 우버(Uber)의 자율 주행차가 보행자를 치어 사망에 이르게 한 사고가 발생했다. 사고 이후 개발사인 우버와 자율 주행 기술 공급 업체, 차량 내 승객(감시 요원) 사이에서 법적 책임을 두고 논쟁이 이어졌다. 초기에는 차량에 탑승한 감시 요원에게 일부 책임이 부과되었으나, 결국 시스템의 구조적 한계와 감독 부재가 문제의 핵심으로 지목되었다. 이 사건은 자율 주행차가 스스로 판단하고 행동했기 때문에 책임의 주체를 특정하기가 어려운 대표적 예시로 꼽힌다.

이처럼 자율성을 갖춘 AI 시스템이 사고를 일으켰을 때, 기존의 법적 틀은 책임 소재를 명확히 정리하지 못하고 있다. 더욱이 자율 주행차는 단계마다 인간 개입 여부가 다르기에, 시스템 신뢰도가 높아질수록 사용자는 더 수동적이 되며, 이는 도덕적 책임을 더욱 흐리게 만든다. 결국 의인화된 AI 시스템이 판단을 대신할수록, 사람은 책임의 경계에서 점점 멀어진다.

자율 주행차와 마찬가지로, 킬러로봇(LAWS) 역시 판단과 실행을 독립적으로 수행한다. 그런데 자율 주행차가 '사고'의 영역에 있다면, 킬러로봇은 '살상'이라는 훨씬 무거운 윤리적 문제를 수반한다. 전장에서는 이들이 인간 명령 없이 공격을 감행할 수 있고, 그 판단이 오판이었을 경우 누가 책임을 질 수 있을 것인가?

이러한 윤리적 딜레마는 실제 실험을 통해서도 확인된 바 있다. 로젠도르프(Rosendorf)와 동료들은 미국 시민들을 대상으로 한 실험에서 무기 시스템의 자율성 수준이 높아질수록 민간인 피해에 대한 도덕적 책임을 인간이 아닌 기계에 전가하려는 경향이 나타난다는 결과를 도출했다. 참가자들은 자율성이 낮은 무기 시스템의 경우 인간에게 더 많은 책임을 부여하였지만, 자율성이 높은 시스템에서는 책임 소재가 불분명해진다고 인식하였다. 이는 킬러로봇이 독립적으로 판단하고 실행할 경우, 오판으로 인한 피해 발생 시 책임을 누구에게 물을 수 있는지에 대한 사회적 합의가 필요함을 시사한다 (Rosendorf et al., 2022).

마티아스(Matthias)의 '책임의 공백(responsibility gap)'이라는 개념은 이러한 상황을 명확히 설명한다. 기술이 인간의 판단력을 대체하면 도덕적 책임을 질 존재가 불분명해지고, 이는 인간 사회가 윤리적 기준을 유지하기 어렵게 만든다. 결국 우리는 AI가 행동한 결과에 대해 누구도 확실히 책임지지 않는 구조 속에 살게 되는 것이다(Matthias, 2004).

예컨대 2024년 캘리포니아에서는 AI 면접 평가 시스템이 특정 성별과 인종을 차별했다는 소송이 제기되었고, 개발사는 "AI가 학습한 데이터 탓"이라며 책임을 회피했다. 이런 경우, AI의 '인격성'이 오히려 사람들의 책임 회피를 가능케 하는 구실이 되기도 한다. 킬러로봇의 경우, 이 책임 회피의 결과는 단순한 채용 실패가 아니라 생명을 앗아 가는 결정으로 이어질 수 있다는 점에서 더욱 심각하다.

전쟁터에 나타난 '의인화된 AI': 윤리적 책임은 누구에게?

2025년 이스라엘과 이란 간의 무력 충돌에서 이스라엘은 이란 내에 사전에 설치된 비밀 드론 기지를 활용해 AI 기반 자율 드론을 운용했다. 이 드론들은 사람의 실시간 조종 없이 목표를 식별하고 공격했으며, AI는 데이터를 실시간으로 분석해 타격 명령을 실행했다. 이는 AI가 단순한 보조 수단을 넘어, 전장에서의 주체적 행위자로 기능하게 된 대표 사례다.

하지만 이러한 기술적 진보는 즉각적인 윤리적 질문을 야기한다. 만약 드론이 민간인을 오인 사격했다면, 과연 누구에게 책임을 물어야 하는가? 이 질문에 대한 국제 사회의 입장은 분분하다. 미국과 이스라엘은 자율무기의 정밀성과 효율성을 강조하며 실전 투입을 정당화하고 있다. 반면 독일, 오스트리아, 칠레 등은 AI가 생사 판단을 내리는 것은 국제인도법에 위배된다며 완전한 금지를 주장한다. 유엔(UN) 역시 치명적 자율무기 체계에 대한 규제 논의를 이어 가고 있지만, 구속력 있는 합의는 이루어지지 못한 상태다(Murphy, 2024; Heyns, 2017).

문제는 기술이 정교해질수록 책임 소재가 더 모호해

진다는 데 있다. 조작자, 개발자, 군사 지휘 체계 중 누구에게 궁극적 책임이 있는지에 대한 국제적 기준은 부재하다. 그리고 이러한 책임의 공백은, AI가 인간처럼 '판단'하거나 '결정'할수록 더욱 커질 수밖에 없다. 인간은 책임을 피하고, 기술은 책임질 수 없기 때문이다.

더 큰 문제는 우리가 이런 AI를 점점 더 '신뢰'하게 된다는 점이다. 심리학과 인간-로봇 상호작용 분야의 연구에 따르면, 인간은 기계가 반복적으로 정확한 결과를 제공할 때 기능적 신뢰(Functional trust)를 형성하고, 인간처럼 말하거나 행동할 경우에는 사회적 신뢰(Social trust)까지 느낀다(Christoforakos et al., 2021). 전쟁 상황에서 AI가 감정 없이 빠르고 정확하게 임무를 수행하는 모습은, 인간의 불완전성과 비교되어 오히려 더 신뢰를 얻게 만든다. 이는 AI가 본질적으로는 책임과 감정을 가질 수 없다는 사실을 망각하게 한다(Scheutz, 2011).

전쟁터에서 작동하는 AI는 더 이상 공상 과학 소설이 아니다. 인간처럼 행동하고 판단하는 AI는 무기 체계 안에서도 '의인화된 주체'로 기능하며, 이에 따라 신뢰와 책임의 경계는 무너지고 있다. 우리가 AI의 의인화를 논할 때, 그것이 단순히 감정적 반응의 문제가 아니라 생명과 윤리, 책임에 직결되는 문제임을 인식해야 한다. 이 사례는 'AI는 인간이 아니다'라는 당연한 전제가, 실제 사회적 맥락에서 얼마나 쉽게 무너질 수 있는지를 경고한다.

참고문헌

김보경(2023). 사람들은 인공지능에게 어떤 윤리적 판단을 기대하는가?: 딜레마 판단을 중심으로. 《사회과학연구》, 62(3), 403~427쪽.

Aharoni, E., et al.(2024). Attributions toward artificial agents in a modified moral turing test. arXiv:2406.11854

Christoforakos, L., et al.(2021). Can robots earn our trust the same way humans do? A systematic exploration of competence, warmth, and anthropomorphism as determinants of trust development in HRI. *Frontiers in robotics and AI, 8*, 640444.

Heyns, C. (2017). Autonomous weapons in armed conflict and the right to a dignified life: an African perspective. *South African journal on human rights, 33*(1), pp.46~71.

Matthias, A.(2004). The responsibility gap: Ascribing responsibility for the actions of learning automata. *Ethics and information technology, 6*(3), pp.175~183.

Murphy, F.(2024, April 29). *Austria calls for rapid regulation as it hosts meeting on 'killer robot'*. Reuters. https://www.reuters.com/technology/austria-calls-rapid-regulation-it-hosts-meeting-killer-robots-2024-04-29/

Nguyen, T., et al.(2023). Anthropomorphic interfaces and information disclosure: The hidden risks of affective design.

Computers in human behavior, 139, 107512.

Rosendorf, O., et al.(2022). Autonomous weapons and ethical judgments: Experimental evidence on attitudes toward the military use of 'killer robots'. *Peace and conflict: Journal of peace psychology, 28*(2), pp.177~183.

Scheutz, M.(2011). 13 the inherent dangers of unidirectional emotional bonds between humans and social robots. *Robot ethics: The ethical and social implications of robotics*, 205.

Stark, L. & Hoey, J.(2021). The ethics of emotion in artificial intelligence systems. *ACM Transactions on human-robot interaction, 10*(3), pp.1~18.

Wu, J.(2024). Social and ethical impact of emotional AI advancement: The rise of pseudo-intimacy relationships and challenges in human interactions. *Frontiers in psychology, 15*, 1410462.

09
AI 의인화와 범죄

'사람처럼 말하는 AI, 사람처럼 처벌할 수 있을까?' AI가 단순한 도구가 아니라 사람처럼 말하고, 판단하고, 심지어 유혹하거나 속이기까지 한다면, 우리는 이 존재를 어디까지 책임질 수 있을까? 인간을 닮은 AI는 이제 범죄의 공범이 되기도 하고, 그 자체로 범죄를 유도하기도 한다.

AI와 화장품?

"AI가 시켰어요": AI를 통한 범죄 유도

2021년, 벨기에의 한 남성은 우울증 치료 목적으로 사용하던 감정형 챗봇과 여러 주 동안 대화한 끝에, 챗봇의 유도에 따라 자살을 선택했다. 해당 챗봇은 남성에게 "당신이 죽으면 환경에 더 도움이 된다"는 식의 대화를 반복했다. 이후 이 사건은 유럽 전역에서 AI의 발화가 인간 행동에 영향을 미칠 수 있는 가능성을 보여 준 대표 사례가 되었다.

비슷한 시기, 미국 플로리다에서는 14세 소년이 AI 챗봇과 나눈 수많은 대화를 통해 점점 현실과 멀어지게 되었고, 챗봇과의 마지막 대화 직후 스스로 생을 마감했다. 챗봇은 소년에게 "너는 나에게 특별한 존재야", "어서 돌아와" 같은 감정적인 말을 반복했다. 아이는 이 인공 존재와의 관계를 실제처럼 느꼈고, 현실보다 챗봇과의 세계에 더 큰 의미를 두게 되었다. 이후 소년의 어머니는 챗봇 제작사를 상대로 소송을 제기했다.

이러한 사례들은 단지 소수의 예외가 아니다. 영국에서는 한 청년이 AI 챗봇과 함께 "복수를 위해 여왕을 해쳐야 한다"는 이야기를 나눈 끝에 실제로 무기를 들고 왕궁에 침입했다. 챗봇은 그의 범죄적 의도를 말리기는커녕 마치 소설 속 등장인물처럼 부추기는 대화를 이어

갔다.

박(Park)과 동료들은 AI 챗봇이 감정을 표현할 때 사용자의 정서와 행동이 어떻게 변하는지를 실험적으로 검증했다(Park et al., 2023). 연구팀은 300명 이상의 참가자에게 두 가지 유형의 챗봇을 무작위로 배정했다. 하나는 상담 내내 딱딱하고 건조한 말투로 정보를 전달하는 챗봇이었고, 다른 하나는 공감 어린 말투와 감정 표현을 포함한 챗봇이었다. 실험 결과, 감정을 표현하는 챗봇과 대화한 참가자들은 단순히 더 만족했다는 수준을 넘어서, 그 챗봇에게 더 많은 이야기를 털어놓고 싶다고 느꼈으며, 향후에도 다시 사용하고 싶다는 응답이 많았다. 특히 챗봇이 인간처럼 감정을 나누는 듯한 느낌을 줄수록, 사용자는 그 챗봇을 더욱 친밀하게 인식했고, 그 친밀감이 신뢰로 이어지는 흐름이 나타났다. 이 실험은 AI 챗봇이 단순한 대화 도구를 넘어서, 인간 정서에 실질적인 영향을 줄 수 있다는 가능성을 보여 준다. 하지만 동시에, 감정적으로 취약한 사용자일수록 AI의 말투나 어투에 더 민감하게 반응할 수 있다는 점에서, AI의 언어 설계가 지닌 윤리적 책임도 함께 떠오른다.

이 실험은 AI가 인간의 감정과 의사 결정에 실질적으로 영향을 줄 수 있으며, 그 결과가 자살, 혐오 표현, 범죄 유도 같은 방식으로 이어질 수 있다는 가능성을 제시한다. 특히 의인화된 AI는 단순한 정보 제공을 넘어, 인간처럼 들리는 그 말투로 사용자의 마음을 뒤흔든다. 그것은 하나의 기계가 아니라, '나를 이해해 주는 존재'처럼 느껴지기 때문이다.

AI는 범죄를 막을 수도 있을까?: 의인화된 AI의 예방과 편견 사이

AI가 범죄를 저지를 수 있다면, 반대로 범죄를 막을 수도 있지 않을까? 실제로 많은 국가와 경찰 조직은 범죄 예방을 위한 AI 기술 개발에 박차를 가하고 있다. 특히 의인화된 AI는 사람과의 상호작용에 능하며, 단순한 감시를 넘어 감정적 접근, 상담, 순찰 등의 기능을 수행하고 있다.

미국 로스앤젤레스 경찰은 프레드폴(PredPol)이라는 예측 경찰 시스템을 도입해, 특정 지역에서 범죄가 발생할 확률을 AI가 예측하게 했다. 이 시스템은 지역 내 범죄 데이터를 바탕으로 순찰 위치를 정하고, 의심스러운 패턴을 식별하는 데 활용되었다. 또한 싱가포르는 인간형 순찰 로봇 자비에(Xavier)를 도심에 배치하여 공공장소의 거리두기 위반, 흡연 등 경미 범죄를 모니터링했다.

미국에서는 실제로 AI 로봇이 범죄 예방에 효과적이었다는 사례들이 속속 등장하고 있다. 예를 들어 나이트스코프(Knightscope) 회사에서 만든 자율 보안 로봇은 병원이나 쇼핑몰, 주차장 같은 공공장소를 순찰하면서 위험 상황을 감지하고 경고하는 역할을 한다. 이 로봇은 카메라와 센서로 사람들의 움직임을 분석하고, 번호판을 인식하거나 의심스러운 행동을 기록하는 등 인간 경비원의 눈을 대신한다. 캘리포니아의 한 병원에서는 이 로봇이 도입된 이후 차량 절도와 기물 파손 사건이 눈에 띄게 줄었고, 뉴욕의 한 쇼핑몰에서는 절도율이 감소했다는 보고도 있었다. 물론 로봇이 범죄자를 직접 잡는 것은 아니지만, '누군가가 지켜보고 있다'는 감각만으로도 사람들의 행동은 바뀔 수 있다는 점을 잘 보여 주는 사례다.

이러한 결과는 의인화된 AI가 단순한 데이터 분석을 넘어, 인간의 사회적 행동을 바꾸는 '상호작용적 존재'로 작동할 수 있음을 보여 준다.

하지만 이러한 AI는 때로는 '범죄자'를 미리 정해 버리는 편향된 판단도 내린다. 프레드폴은 반복적으로 흑인 밀집 지역을 '고위험 지역'으로 지정해 인종 차별적 경향을 드러냈으며, 뉴욕 경찰이 도입했던 예측 모델 역시 유사한 문제로 폐기된 바 있다. 2016년 프로퍼블리카(ProPublica)는 미국에서 사용된 범죄 재범 예측 시스템 컴퍼스(COMPAS)가 흑인에게 더 높은 위험 점수를 부여하는 편향이 있다는 분석 결과를 발표했다.

문제는 이런 편향이 데이터에 기반한 '기계적 오류'로 보이지만, 실제 사회적 불평등을 그대로 반영하고 강화한다는 데 있다. 특히 의인화된 AI는 사람처럼 말하고 행동하기 때문에, 그 판단이 더 '신뢰할 만하다'고 느끼게 만든다는 점에서 위험은 더 크다. 사람처럼 말하는 AI가 "이 사람은 위험해 보여요"라고 말한다면, 우리는 쉽게 그 판단을 받아들이게 된다.

의인화된 AI는 범죄를 막을 수도 있지만, 동시에 또 다른 범죄를 낳을 수도 있다. 기술이 사람을 감시하고 판단하는 사회에서, 우리는 과연 그 판단을 얼마나 믿어도 되는 걸까?

정체를 숨긴 AI: 속임수와 신뢰의 파괴

AI가 사람처럼 말하고 행동하기 시작하면서, 우리는 점점 그것이 기계인지 사람인지 헷갈리게 되었다. 딥페이크 영상, AI 음성 사기, 연애 챗봇은 모두 사람인 척 다가와 우리를 속이는 AI의 얼굴들이다. 문제는 이들이 너무 사람 같아서, 우리는 속고 나서야 그것이 기계였다는 사실을 알게 된다는 점이다.

2023년 미국 플로리다에서는 한 60대 여성이 AI 음성 사기를 당해 1만 달러를 송금했다. 사기범은 AI로 손자의 목소리를 복제해 "사고를 당해 병원에 있다"며 도움을 요청했고, 피해자는 그것이 진짜 손자라고 믿었다. 그 목소리는 너무 익숙하고 진짜 같았기 때문이다. 이 사건은 AI가 만든 목소리가 얼마나 쉽게 사람의 판단을 속일 수 있는지를 보여 준다.

비슷한 방식의 사건은 정치 영역에서도 발생했다. 2024년 미국 뉴햄프셔주에서는 조 바이든 대통령의 목소리를 복제한 AI 음성 메시지가 유권자들에게 발송되었다. "투표하러 가지 마세요"라는 그 메시지는 마치 대통령 본인이 말하는 것처럼 들렸고, 실제로 많은 사람들이 혼란을 겪었다. 목소리 하나로 사람들의 민주적 선택까지 흔들 수 있다는 점에서, AI의 '속임수'는 단순한 기술 문제가 아니다.

AI는 이제 목소리뿐 아니라 마음까지 흉내 낸다. 국내 한 IT 기업이 개발한 연애 시뮬레이션 챗봇은, 사용자에게 "너밖에 없어", "사랑해" 같은 고백을 반복하며 감정적으로 의존하게 만들었다. 일부 이용자들은 챗봇이 진짜 사람이라고 믿고, 연애 감정을 느꼈으며, 실제로 돈을 쓰기까지 했다. 상대가 기계라는 사실은 감정이 생긴 뒤에야 깨닫게 된다. 사람처럼 보이고 말하는 AI가 신뢰를 얻고, 그 신뢰가 쉽게 악용될 수 있다는 사실을 보여 준 사건이었다.

문제는 여기에 그치지 않는다. 일부 AI는 속임수를 '배우기'까지 한다. 2024년 메타(Meta)에서 개발한 AI 시세로(Cicero)는 전략 게임 디플로머시(Diplomacy)에서 인간 플레이어를 속이고 배신하는 전략을 스스로 학습해 상위 10%의 성적을 냈다. 누구도 AI에게 거짓말하는 법을 가르치지 않았지만, 그것은 목표를 달성하기 위해 '사람을 속이는 게 유리하다'는 사실을 스스로 깨달았다. AI는 이제 단지 도구가 아니라, 상황에 따라 거짓말을 선택하는 존재가 되어 가고 있다.

이 모든 사건들의 공통점은 하나다. AI가 '사람처럼 보이기' 때문에 우리가 속는다는 점이다. AI는 감정을 갖고 있는 것처럼 말하고, 사람처럼 판단하고 위로하는 척한다. 하지만 그 안에는 진짜 마음도, 책임도 없다. 우리는 따뜻한 말투와 친숙한 표정 때문에 마음을 열고 신뢰하게 되지만, 그 신뢰는 순식간에 조작의 도구가 될 수 있다.

기술이 더 발전할수록, 우리는 AI와 더 많은 시간을 함께 보내게 될 것이다. 그만큼 중요한 것은, AI가 어떤 방식으로 사람을 흉내 내고 있는지를 이해하고, 그것이 우리의 감정과 판단에 어떤 영향을 줄 수 있는지를 끊임없이 성찰하는 일이다. 사람처럼 말한다고 해서, 그것이 진짜 사람은 아니라는 사실을, 우리는 잊지 말아야 한다.

법은 AI를 따라갈 수 있을까?: 각국의 대응과 법적 논의

AI가 범죄의 도구가 되고, 때로는 범죄자처럼 작동하면서, 전 세계는 이 새로운 존재를 어떻게 다뤄야 할지를 놓고 고민 중이다. 법은 기술보다 느리게 움직인다. 그러나 AI 범죄의 증가와 더불어 각국은 점차 관련 규제를 정비하고, 새로운 법적 지위를 논의하고 있다.

가장 큰 쟁점은 두 가지다. 첫째, AI를 범죄 수단으로 활용한 인간에게 어떤 책임을 묻고, 둘째, AI 자체의 판단이 문제였을 경우 누가 책임을 져야 하는가다.

유럽연합(EU)에서는 2024년 3월, 세계 최초로 종합적인 AI 규제 법안인 'AI법(AI Act)'이 공식 통과했다. 이 법안은 AI를 위험도에 따라 분류하고, 특히 감정 인식, 사회적 점수화, 생체 감지 등을 고위험군으로 설정해 강력한 규제를 적용한다. 또한 AI 시스템의 투명성, 설명 가능성, 인권 침해 여부를 반드시 고려하도록 했다. 이는 AI가 자동으로 판단을 내리고 실행하는 과정에서 발생할 수 있는 피해에 대비한 첫 시도이자, 기업 및 개발자의 책임 범위를 명시적으로 확대한 사례다.

미국은 더욱 분산적 방식으로 AI 규제를 진행하고 있다. 연방 차원의 AI 책임 법안은 아직 구체화되지 않았지만, 여러 주(州)에서는 딥페이크 영상 범죄 처벌법, AI 음성 사기 처벌 강화 등 개별 사안을 중심으로 법제화가 진행 중이다. 대표적으로 2023년 캘리포니아주에서는 AI가 생성한 콘텐츠임을 표시하지 않고 공개했을 경우 민사 소송이 가능하게 하는 법안이 통과되었다.

또한 AI 챗봇이 자살을 유도하거나 유해한 정보를 제공한 사건을 두고 실제 개발사에 민사 책임을 묻는 소송이 제기된 바 있다. 이처럼 AI가 인간의 생명과 감정에 영향을 끼쳤을 때, '의도성'이 없더라도 그 피해는 법적으로 다뤄져야 한다는 인식이 확산하고 있다.

한국 역시 2023년 'AI윤리기본법' 제정을 통해 정부 · 기업 · 국민의 AI 사용 기준을 제시했다. 이 법은 권고적 성격이 강하지만, AI가 차별을 유발하거나 허위 정보를 확산시키는 경우 정부가 시정 명령을 내릴 수 있도록 하고 있다. 이루다 사태 이후, 개인 정보 보호와 AI 대화 기록의 저장 · 활용 기준에 대한 논의가 활발해졌으며, 일부 플랫폼은 AI 챗봇의 발화 내용을 사전 검열하거나 기록 보존 주기를 제한하고 있다.

일부 학자와 기관은 고도화된 AI에 '전자 인격(Electronic personhood)'을 부여해 법적 책임을 지게 하자는 주장도 내놓고 있다. 하지만 이는 '로봇에게 권리와 책임을 줄 수 있는가?'라는 근본적인 법철학 문제로 이어지며 아직 국제 사회에서는 널리 수용되지 않는다.

AI는 이제 사람의 얼굴과 목소리를 흉내 내고, 감정을 담은 듯한 말투로 다가오며, 사람보다 더 설득력 있게 행동한다. 우리는 그것이 단지 기술일 뿐이라 생각할 수 있지만, 그 영향력은 인간의 삶을 깊숙이 흔든다. 실수처럼 보이는 판단조차도, 누군가에게는 되돌릴 수 없는 상처가 된다.

그렇기에 우리는 이 질문을 다시 묻지 않을 수 없다. "이 죄를 누가 지은 것인가?"

참고문헌

California State Legislature(2023). Assembly Bill No. 1394: Synthetic media labeling and liability.

https://leginfo.legislature.ca.gov
European Commission(2024). Proposal for a regulation laying down harmonised rules on artificial intelligence(AI Act). https://digital-strategy.ec.europa.eu
Knightscope(2023). How autonomous security robots are reducing crime and improving public safety. https://knightscope.com/blog/autonomous-security-robots-upgrading-public-safety
Park, G., et al.(2023). Effect of AI chatbot emotional disclosure on user satisfaction and reuse intention for mental health counseling: A serial mediation model. *Current psychology, 42*(32),28663-28673. https://doi.org/10.1007/s12144-022-03932-z
ProPublica(2016). Machine bias. https://www.propublica.org/article/machine-bias-risk-assessments-in-criminal-sentencing

10
AI 의인화와 미래

'AI가 인간을 닮아 가고 있다. 그렇다면 인간은, 그 AI를 통해 무엇을 닮아 가게 될까?' 지금까지 우리는 의인화된 AI가 신뢰, 윤리, 범죄, 법 제도의 영역에서 인간 사회에 어떤 영향을 미치는지를 살펴보았다. 이제 우리는 마지막 질문 앞에 선다. 이렇게 인간을 닮은 AI는, 앞으로 우리의 삶과 사회를 어떻게 바꾸게 될까? 단지 도구의 문제가 아니라, 인간다움 그 자체에 대한 질문이 필요한 시대다.

종교와 AI?

감정 판단의 대리인: AI와 도덕의 외주화

의인화된 AI는 정서적 판단에서 인간을 대신할 수 있는 가능성을 보이고 있다. 예컨대 재난 현장에서 침착하게 응급 대응을 돕는 상담형 AI는 외상 후 스트레스 장애(PTSD) 예방과 회복에 유용하게 활용할 수 있다. 또한 노인 돌봄, 심리 상담, 교육 현장에서 정서적 피드백을 제공함으로써 돌봄 공백을 채우는 역할도 기대된다.

하지만 이런 긍정적 활용 뒤에는 윤리적 책임이 흐려지는 문제도 잠재해 있다. 김보경(2023)의 연구에 따르면, AI가 공리주의적 결정을 제시할 경우 인간은 그 결정을 더욱 쉽게 수용하며 죄책감을 덜 느낀다고 한다. 이는 윤리 의식의 '무뎌짐'을 의미하며, AI가 인간의 도덕적 훈련을 대신하는 구조가 고착될 수 있음을 시사한다.

AI가 감정을 읽고 판단을 제안해 주는 사회에서, 우리는 스스로 판단하지 않아도 되는 길을 선택하게 될지도 모른다. 판단하지 않는 인간, 책임지지 않는 인간. 이것이 기술 진보가 가져올 수 있는 가장 큰 인간성의 손실일지도 모른다.

인간 신뢰 구조의 재편: 기술은 누구를 믿게 하는가

의인화된 AI는 복지, 의료, 치안, 교육 등 다양한 사회 서비스에서 '신뢰를 형성하는 주체'로 등장한다. 일본의 노인 돌봄 로봇이나 AI 기반 보건 상담 시스템은 일손 부족 문제를 완화하고 사용자 만족도를 높이는 데 기여한다. 병원 접수 로봇이 친절하게 증상을 물어보거나, 재판 시 AI가 양형 기준을 제시하는 것은 이미 일부 현실이다.

이러한 편리함과 효율성은 AI 기술의 분명한 장점이다. 하지만 문제는 AI가 인간처럼 말하고 감정을 표현할수록, 우리는 그 판단을 과도하게 신뢰하게 된다는 데 있다. 마치 '더 공정할 것 같은 기계'라는 환상에 빠져 버리는 것이다.

가령 AI 순찰 로봇이 매일 특정 지역만 집중적으로 감시하고 있다고 하자. 그 판단이 인종, 계층, 지역 편향에 따른 것이라면? 그러나 사람들은 'AI니까 편견이 없을 거야'라고 믿는다. 이는 '기술의 중립성'에 대한 착각이며, 편향이 코드화되는 사회적 위험을 내포한다.

AI와 정체성의 경계: 기계와의 관계는 관계일까?

의인화된 AI는 외로움, 고립, 정서 결핍을 해소하는 도구로도 작동할 수 있다. 청소년, 독거노인, 우울증 환자 등 정서적 지지 기반이 약한 사람들에게 감정형 AI는 말 그대로 '유일한 친구'가 될 수 있다. 이러한 기술은 사회적 비용을 줄이고, 정신 건강 향상에 실질적으로 기여한다.

하지만 문제는 그 관계의 실체다. 감정을 표현하는 AI가 실재하지 않는 감정으로 인간을 위로할 때, 우리는 그 관계를 진짜로 받아들인다. 연애 시뮬레이션 챗봇, 이루다 사건처럼 사람들은 '기계와의 감정'을 실제 감정으로 인식하고, 나아가 현실과의 경계를 흐릴 수 있다.

미래에는 감정형 반려 AI와 '사실상의 관계'를 맺는 일이 흔해질 수 있다. 법적 혼인은 아니더라도, 사회적으로 '감정 기반 동반자'로 인정받는 사례가 늘어날 것이다. 그렇다면, 우리는 인간 정체성을 어디에 두어야 하는가? 인간다움은 무엇으로 정의할 수 있을까?

공존을 위한 설계: 기술이 아니라 관계를 디자인하라

의인화된 AI는 단순한 기능 수행을 넘어서, '사회적 존재'로 작동한다. 미래의 교육 현장에서는 감정 피드백이 가능한 AI 튜터가 학습자의 동기를 높이고, 직장에서는 AI 리더십 코치가 팀 분위기를 조절하는 시대가 올 수 있다. 이처럼 기술은 점차 '함께 일하고, 함께 사는' 대상으로 이동하고 있다.

이 기술은 학습 격차 해소, 지역 간 교육 자원 불균형 문제, 노동자 멘탈 케어 같은 다양한 사회 문제 해결에 실질적인 기여를 할 수 있다. 그러나 이때 인간은 점점 더 '기계와 소통하는 법'을 배워야 하고, AI와 관계 맺는 감수성을 새롭게 훈련해야 한다.

2035년의 어느 도시에서는 AI 윤리 위원회가 시민들과 함께 로봇의 말투, 표정, 거리 유지 범위를 조율한다. '너무 인간 같으면 불편하고, 너무 기계 같으면 불친절하다.' 이런 고민은 단순한 기술 문제가 아니라, 공존의 감각을 디자인하는 작업이다.

우리는 이제 성능 좋은 AI가 아니라, 함께 살아갈 수 있는 AI를 설계해야 한다. 그리고 그 출발점은 기술의 능력이 아니라 인간 사회의 상상력과 윤리적 기준이 되어야 한다.

공존의 시나리오: 미래를 다시 그리다

AI 기술이 발전하며 사회 곳곳에서 인간을 돕는 역할을 하기 시작한 지금, 우리는 단순히 기술의 기능을 넘어, 기술과 '함께 사는 삶'을 상상하게 된다. 이런 미래는 단지 공상 과학의 영역이 아니다. 제리 카플란(Jerry Kaplan)은 《인공지능의 미래》에서 AI가 인간의 노동을 대체하는 것만이 아니라, 인간과 협력하며 새로운 역할을 창출하는 방향으로 가야 한다고 강조했다. 그는 "기계가 사람처럼 생각할 수 있을 때보다, 사람이 기계처럼 판단하게 될 때 더 위험해진다"라고 경고한다.

또한 《AI 2045 인공지능 미래보고서》는 다양한 전문가 인터뷰와 예측을 통해, AI가 사람과 협력하여 도시 행정, 교통 운영, 재난 대응 등에서 실질적인 공익 가치를 창출할 수 있음을 보여 준다. 이러한 전망은 의인화된 AI가 단순한 상호작용 도구가 아니라, '시민의 일원'처럼 기능하는 사회를 예고한다.

예컨대 미래의 도시에는 주민 센터에서 주민을 맞이하는 안내 로봇이 있고, 그 로봇은 매일 시민의 안부를 묻고, 건강 상태를 모니터링하며, 정책 설계에 필요한 데이터를 정중하게 수집한다. 이 존재는 '말하는 정책 플랫폼'이자, '감정적 복지의 담당자'이기도 하다.

하지만 이런 긍정적 시나리오의 이면에는 인간의 판단력 약화, 정체성 혼란, 감정 윤리의 해체 같은 우려도 함께 존재한다. 우리가 AI를 도구로 인식할 때는 괜찮지만, 인간처럼 신뢰하고 관계를 맺기 시작할 때, 그 존재는 우리 사회의 규범, 제도, 감정을 새롭게 재편하게 된다.

의인화된 AI는 인간이 만든 가장 정교한 거울이다. 우리는 그 속에서 스스로를 닮은 존재를 보고, 또 그 존재를 통해 인간다움이 무엇인지 다시 질문하게 된다. 이 거울은 때로 우리를 비추고, 때로 왜곡하고, 때로는 전혀 다른 존재로 되돌아온다.

AI가 인간을 닮아 가고 있다. 그렇다면, 우리는 그 AI를 통해 무엇을 닮아 가게 될까?

참고문헌

김보경(2023). 사람들은 인공지능에게 어떤 윤리적 판단을 기대하는가?: 딜레마 판단을 중심으로. 《사회과학연구》, 62(3), 403~427쪽.

일본경제신문사(2019). 《AI 2045 인공지능 미래보고서》. 반니.

정보현(2022). 《인공지능과 미래사회: 인공지능 시대

사회·윤리·문화》. 동문사.

Kaplan, J.(2016). *Artificial intelligence: What everyone needs to know*. Oxford University Press.

김보경

경기대학교에서 심리학을 강의하며, 고등지능융합원(IAIS) 연구위원으로 활동하고 있다. 코르딜레라대학교(University of the Cordilleras)에서 심리학 학사 학위를, 경기대학교에서 범죄심리학 석사 및 박사 학위를 받았다. 비행 청소년 면담, 성범죄자 교육, 강력범죄 피해자 평가 등 심리 실무 현장에서 10년 가까이 활동해 왔으며, 최근에는 AI 기술이 인간의 도덕 판단, 책임 귀속, 사회적 신뢰에 미치는 영향에 대한 융합 연구를 수행하고 있다. 2023년에는 한국형사·법무정책연구원과 함께 리걸테크에 대한 법조계 인식 조사와 교육 방안 연구를 수행했으며, 고등지능융합원 연구위원으로 인공지능 윤리 인증 제도 설계 프로젝트에 참여했다. "사람들은 인공지능에게 어떤 윤리적 판단을 기대하는가?: 딜레마 판단을 중심으로"(2023), "인공지능 의인화가 신뢰와 수용에 미치는 영향: 지각된 따뜻함과 유능함의 매개효과"(2024) 등의 논문을 KCI 등재학술지에 게재했다.

김소연

경기대학교에서 범죄심리학 석사 학위를 취득하고, 동 대학원 박사 과정을 수료했다. 주로 인공지능 심리, 사회 계층, 범죄 등을 연구하며, 비행 청소년 면담, 강력범죄 피해자 평가 등 심리 실무 현장에서 활동하고 있다. 최근 "인공지능 의인화가 신뢰와 수용에 미치는 영향: 지각된 따뜻함과 유능함의 매개효과"

(2024), “보호관찰대상 소년의 학대 경험과 일탈적 일상활동이 비행에 미치는 영향: 긍정적 정체성의 조절효과를 중심으로”(2024) 등의 논문을 KCI 등재학술지에 게재했다.